A JORNADA DE TRABALHO E O "REINO DA LIBERDADE"

FUNDAÇÃO EDITORA DA UNESP

Presidente do Conselho Curador
Mário Sérgio Vasconcelos

Diretor-Presidente
Jézio Hernani Bomfim Gutierre

Superintendente Administrativo e Financeiro
William de Souza Agostinho

Conselho Editorial Acadêmico
Danilo Rothberg
Luis Fernando Ayerbe
Marcelo Takeshi Yamashita
Maria Cristina Pereira Lima
Milton Terumitsu Sogabe
Newton La Scala Júnior
Pedro Angelo Pagni
Renata Junqueira de Souza
Sandra Aparecida Ferreira
Valéria dos Santos Guimarães

Editores-Adjuntos
Anderson Nobara
Leandro Rodrigues

OLIVIER BESANCENOT
MICHAEL LÖWY

A JORNADA DE TRABALHO E O "REINO DA LIBERDADE"

(K. Marx)

Tradução
Luiz Antônio de Araújo

editora
unesp

© 2021 Editora Unesp

Título original: *La journée de travail et le "règne de la liberté"*

Direitos de publicação reservados à:
Fundação Editora da Unesp (FEU)
Praça da Sé, 108
01001-900 – São Paulo – SP
Tel.: (0xx11) 3242-7171
Fax: (0xx11) 3242-7172
www.editoraunesp.com.br
www.livrariaunesp.com.br
atendimento.editora@unesp.br

Dados Internacionais de Catalogação na Publicação (CIP) de acordo com ISBD
Elaborado por Vagner Rodolfo da Silva – CRB-8/9410

B554j
Besancenot, Olivier
 A jornada de trabalho e o "reino da liberdade" / Olivier Besancenot, Michael Löwy; traduzido por Luiz Antonio Oliveira de Araujo. – São Paulo: Editora Unesp, 2021.

 Tradução: *La journée de travail et "le règne de la liberté"*
 Inclui bibliografia.
 ISBN: 978-65-5711-049-2

 1. Marxismo. 2. Economia. 3. Jornada de trabalho. 4. Liberdade. I. Löwy, Michael. II. Araujo, Luiz Antonio Oliveira de. III. Título.

2021-2273 CDD 335.4
      CDU 330.85

Editora afiliada:

Asociación de Editoriales Universitarias de América Latina y el Caribe

Associação Brasileira de Editoras Universitárias

*À memória de Daniel Bensaïd,
o amigo, o camarada, o pensador.*

Sumário

Introdução 9

I "O reino da liberdade" (Marx) 13

II Marx e a luta pela redução da jornada de trabalho 37

III Um século e meio de lutas pela redução da jornada de trabalho 59

IV A batalha em torno do tempo de trabalho no século XXI 87

V *Isegoria* (fábula) 103

Referências bibliográficas 123

Introdução

Este livro é ao mesmo tempo uma reflexão sobre o pensamento de Marx e um mergulho nos debates e confrontos atuais acerca do tempo de trabalho. Nosso ponto de partida é uma ideia formulada por ele no Livro III de *O capital*: a de que *o reino da liberdade começa com a redução da jornada de trabalho*. Sua obra tem sido objeto frequente de leituras positivistas, economicistas e acadêmicas. Duzentos anos depois do nascimento de seu autor, já é tempo de deitar luz em sua formidável dimensão humanista e revolucionária. Trata-se, em última análise, de mostrar a atualidade das questões levantadas por Marx, sua importância para os nossos combates de hoje, sua força crítica e visionária. É um pensamento arsenal que nos fornece as armas para repelir e vencer a brutal ofensiva neoliberal que visa aumentar a jornada de trabalho, retardar a idade de aposentadoria e eliminar direitos sociais conquistados há mais de um século. Além de resistir à religião burguesa do "trabalho" e da "produção" que tantas vezes contaminou o movimento operário.

Há uma década, nosso amigo Daniel Bensaïd escreveu: "Por que os ganhos de produtividade se traduzem em mais exclusão e precariedade em vez de servirem para reduzir o tempo de trabalho obrigatório e liberar um tempo de participação cívica e criativa?".[1] Essa pergunta resume o tema de nossa pesquisa.

O livro consiste em cinco capítulos:

1) o comunismo como reino da liberdade, ou seja, a reflexão de Marx e de alguns marxistas sobre o sentido civilizacional do tempo livre;
2) a luta pela redução do tempo de trabalho, tal como apresentada no capítulo X do Livro I de *O capital*, aquela que Marx chama de "guerra civil latente" entre o capital e o trabalho;
3) o combate pela redução do tempo de trabalho, desde os mártires de Chicago, pioneiros da luta pela jornada de 8 horas, até o século XXI;
4) a atual luta pela redução da jornada de trabalho em face da ofensiva neoliberal; a redução é a única resposta eficaz ao desemprego, há uma dimensão humana, social e ecológica no tempo livre;
5) uma excursão utópica em um futuro comunista emancipado, no qual as pessoas finalmente disporão de tempo livre: algumas imagens do "reino da liberdade".

É evidente que esse "reino" pressupõe uma mudança radical, isto é, uma *revolução*. Sob a condição de entender, como salientou Bensaïd, que este não é um modelo pré-fabricado, e sim uma *hipótese estratégica* e um *horizonte ético* "sem o qual a vontade renuncia, o espírito de resistência capitula, a fidelidade desvanece, a tradição se perde".[2]

---
1 Bensaïd, *Éloge de la politique profane*, p.49.
2 Id., *Le Pari mélancolique*, p.290-1.

Nosso texto não é uma análise universitária nem um panfleto político voltado unicamente para os desafios do presente. Ele procura combinar o estudo "filosófico" e histórico de diversos escritos de Marx, a história dos combates do passado e a análise dos debates atuais, antes de concluir com uma ficção "futurista".

Como nossas duas obras anteriores – sobre Che Guevara e sobre o marxismo libertário –, esta foi escrita a quatro mãos. Compartilhamos a escrita dos capítulos, mas cada um leu e revisou os do outro. Homenageamos Marx, por ocasião do bicentenário de seu nascimento, e todos aqueles que deram a vida por esse combate profundamente justo, em termos tanto sociais quanto morais; mas sabemos que, em cada geração, surgem novos problemas que não podem ser resolvidos unicamente com referência aos escritos dos pais fundadores ou às experiências de luta do passado. Compartimos da *aposta melancólica* de Daniel Bensaïd no futuro comunista da humanidade; tal como ele, temos ciência de que nada garante "amanhãs que cantam": o presente tem a forma de uma bifurcação cuja saída não é dada. Ela depende de cada um de nós.

I
"O REINO DA LIBERDADE"
(MARX)

O reino da liberdade. Ser ou ter?

Karl Marx raramente escrevia sobre a sociedade emancipada do futuro. Embora tivesse muito interesse pelas utopias, desconfiava das versões demasiado normativas, demasiado restritivas, em suma, dogmáticas. Seu objetivo era, como recorda com pertinência Miguel Abensour, o transcrescimento da utopia em comunismo crítico.[1] Em que isso consiste? No Livro III de *O capital* – manuscrito inacabado, editado postumamente por Friedrich Engels em 1894 –, encontra-se uma passagem essencial, citada com frequência, mas quase nunca analisada. Nela, não figura a palavra "comunismo"; no entanto, trata-se justamente da sociedade sem classes do futuro que Marx define, fazendo uma escolha bastante significativa ao qualificá-la de "reino da liberdade", tradução de sua expressão *"Reich der Freiheit"*:

---

1 Abensour, *Utopiques IV*.

O reino da liberdade começa onde termina o trabalho determinado pela necessidade e pelos fins exteriores: pela própria natureza das coisas, fica fora da esfera da produção material. [...] A liberdade nesse domínio só pode consistir nisto: o ser humano socializado [*der vergesellschafte Mensch*], os produtores associados lidam racionalmente com esse metabolismo [transformação, ciclo material – *Stoffwechsel*] com a natureza, submetendo-o a seu controle coletivo, em vez de serem dominados por ele como por um poder cego; fazem-no com o esforço mais reduzido possível, nas condições mais dignas de sua natureza humana e o mais adequado a essa natureza. É além desse reino que começa o desenvolvimento dos poderes do ser humano, que é em si seu próprio fim, que é o verdadeiro reino da liberdade, mas que só pode florescer apoiando-se nesse reino da necessidade. A redução da jornada de trabalho é a condição fundamental.[2]

O contexto em que aparece essa passagem é interessante. Trata-se de uma discussão sobre a produtividade do trabalho. O aumento da produtividade permite, sugere o autor de *O capital*, não apenas aumentar a riqueza produzida, mas também, e sobretudo, reduzir o tempo de trabalho. A redução do tempo de trabalho aparece, pois, como prioritária em relação a uma extensão ilimitada da produção de bens.

Portanto, Marx distingue dois domínios da vida social: o "reino da necessidade" e o "reino da liberdade", e a cada um deles corresponde uma forma de liberdade.

Comecemos por examinar o primeiro, o reino da necessidade, que se refere à "esfera da produção material"

---

2 Apud Marx, *Morceaux choisis*, p.234-5. (Tradução ligeiramente alterada por nós, cf. Marx, Engels, *Werke*, p.828.)

Karl Marx, 1866 (The Fort. The London Photographic Comp. Margate / cc Wikicommons).

e, logo, do trabalho "determinado pela necessidade e por fins exteriores". A liberdade também existe nessa esfera, mas é uma liberdade limitada, situada no quadro das restrições impostas pela necessidade: trata-se do controle democrático, coletivo, pelos seres humanos "socializados", sobre suas trocas materiais – seu "metabolismo" – com a natureza. Em outras palavras, o que Marx menciona neste ponto é a planificação democrática, ou seja, a proposição essencial que constitui o programa econômico socialista: a liberdade significa, aqui, a emancipação em relação ao poder cego das forças econômicas – o mercado capitalista, a acumulação do capital, o fetichismo da mercadoria.

É claro que Marx não ignora o domínio exercido pelas classes dominantes, a oligarquia burguesa, os banqueiros e os monopolistas de todos os tipos. A liberdade consiste igualmente na derrubada de seu poder autocrático e parasitário. Entretanto, o domínio mais decisivo é o exercido pelas potências anônimas do sistema, os mercados financeiros, o dinheiro, a mercadoria, o capital, à medida que elas manifestam e exercem uma relação alienada e reificada. O próprio capitalista, sejam quais forem sua riqueza e seus privilégios parasitários, não é, como frisa Marx, senão a "personificação" do capital e de suas coerções. A acumulação do capital é uma espécie de ditadura totalitária que se exerce sobre todos os domínios da vida e que determina os destinos dos indivíduos, condenando uns ao desemprego, outros à miséria e todos à arbitrariedade de um poder "cego".

Em *A ideologia alemã* (1846), Marx observou que, na sociedade burguesa, contrariamente às aparências, os indivíduos não são mais livres do que na sociedade feudal, muito pelo contrário: "Sob o domínio da burguesia [...], os indivíduos são naturalmente menos livres por serem muito mais subordinados a uma potência objetiva".[3]

---

3 Marx; Engels, Feuerbach. In: *L'Idéologie allemande*. p.133.

O sociólogo Max Weber, que de marxista não tinha nada, reconhece, porém, na segunda edição de seu livro mais importante, *A ética protestante e o espírito do capitalismo* (1920), que "o poderoso cosmos da ordem econômica moderna [...] determina hoje, com uma força constrangedora irresistível, o estilo de vida de todos os indivíduos que nascem no seio dessa maquinaria – e não só daqueles que ganham a vida exercendo diretamente uma atividade econômica".[4] De que "ordem econômica moderna" se trata? Outra passagem do mesmo livro o diz com todas as letras: trata-se da ordem econômica capitalista, que funciona como uma espécie de habitáculo de aço a prender os indivíduos:

> Atualmente, a ordem econômica capitalista é um imenso cosmos no qual o indivíduo submerge ao nascer e que, para ele, ao menos enquanto indivíduo, se dá como um fato, um habitáculo [*Gehäuse*] imutável dentro do qual ele é obrigado a viver. Na medida em que o indivíduo está intricado na rede do mercado, a ordem econômica lhe impõe as normas de seu agir econômico.[5]

Ao contrário de Weber, Marx não acredita de modo algum que a ordem econômica capitalista seja uma fatalidade "imutável", da qual não se pode fugir. Ele não se situa, como Weber, no terreno dos "indivíduos", e sim no das *classes sociais*. Toda a sua reflexão social e política baseia-se na aposta em que as classes exploradas poderão romper as grades dessa "gaiola de aço" e se *libertar* da coerção inexorável do sistema capitalista e de suas "leis do mercado". Graças a uma reorganização coletivista da vida social e econômica, e a uma planificação democrática

---

4 Weber, *L'Éthique protestante et l'esprit du capitalisme*, p.252.
5 Ibid., p.110.

da produção – isto é, do "metabolismo" com a natureza –, a alienação poderá ser superada e a sociedade terá acesso a uma primeira forma de *liberdade*. Poderá decidir *livre* e *democraticamente* quais são as prioridades da produção e do consumo, qual será o tempo de trabalho necessário a ser exigido de cada pessoa e quais as necessidades urgentes a serem satisfeitas – sem deixar de respeitar os equilíbrios ecológicos.

Como distinguir as necessidades autênticas daquelas artificiais, falsas ou fabricadas? Estas últimas são as inteiramente criadas pelo sistema publicitário. A indústria da publicidade – que exerce sua influência sobre as necessidades por meio da manipulação mental – penetrou, ao longo do século XX, todas as esferas da vida humana nas sociedades capitalistas modernas. Tudo é moldado conforme suas regras, não só a alimentação e as roupas, mas também áreas tão diversas como a do esporte, da cultura, da religião e da política. A publicidade invadiu nossas ruas, nossas caixas de correio, as telas de nossos aparelhos de TV, nossos jornais e nossas paisagens de uma maneira insidiosa, perene e agressiva.

Embora seja uma dimensão indispensável em uma economia de mercado capitalista, a publicidade não terá lugar em uma sociedade de transição rumo ao socialismo. Será substituída por informações sobre os produtos e serviços a serem fornecidas pelas associações de consumidores. O critério para distinguir uma necessidade autêntica de uma artificial será sua permanência depois da supressão da publicidade. É claro que, durante certo tempo, os velhos hábitos de consumo persistirão. A mudança dos modelos de consumo é um processo histórico e um desafio educacional.

O fetichismo da mercadoria incita à compra compulsiva por meio da ideologia e da publicidade próprias do sistema capitalista. Nada prova que ele faça parte da "eterna natureza humana". Como ressaltou Ernest Mandel, "a constante acumulação de bens cada vez mais numerosos (cuja 'utilidade marginal' está em baixa) não é de modo algum uma característica universal nem permanente do comportamento humano. Uma vez satisfeitas as necessidades básicas, as motivações principais evoluem: o desenvolvimento dos talentos e das inclinações gratificantes para si próprio, a preservação da saúde e da vida, a proteção das crianças, o desenvolvimento de relações sociais enriquecedoras".[6]

Voltemos à passagem do Livro III de *O capital*. É interessante observar que não se trata do "domínio" da natureza pela sociedade humana, e sim do controle coletivo das trocas com ela: coisa que, um século depois, virá a ser um dos princípios fundamentais do ecossocialismo. O trabalho continua sendo uma atividade imposta pela necessidade e destinada a satisfazer as necessidades materiais da sociedade; mas deixará de ser um trabalho alienado, indigno da natureza humana.

A segunda forma de liberdade, a mais radical, a mais plena, a que corresponde ao "reino da liberdade", situa-se além da esfera da produção material e do trabalho necessário. No entanto, entre as duas formas de liberdade há uma relação *dialética* essencial: é graças a uma planificação democrática do conjunto da economia que se poderá dar prioridade ao tempo livre; e, reciprocamente, a extensão máxima deste possibilitará aos trabalhadores participar ativamente da vida política e da autogestão, não só das empresas como de toda a atividade econômica e social, no âmbito dos bairros, das cidades, das regiões, dos países. O comunismo não pode existir sem a participação de toda a população no processo de discussão e de tomada de deci-

---

6 Mandel, *Power and Money*, p.206.

são democrática, mas não como hoje, mediante um voto a intervalos de quatro ou cinco anos, mas de modo permanente – o que não impede a delegação de poderes. Graças ao tempo livre, os indivíduos poderão se encarregar da gestão de sua vida coletiva, que já não ficará a cargo dos políticos profissionais.

Em vários escritos da juventude, como as *Notes critiques sur Friedrich List* [Notas críticas sobre Friedrich List] (1845), Marx parece defender a *abolição do trabalho*:

> Falar de trabalho livre, humano, social, de trabalho sem propriedade privada, é um dos maiores equívocos que existem. O "trabalho" é por natureza uma atividade escravizada, desumana, antissocial, determinada pela propriedade privada e criadora de propriedade privada. De modo que a abolição da propriedade privada só vem a ser uma realidade se for concebida como abolição do "trabalho", abolição que, naturalmente, só se torna possível pelo próprio trabalho, quer dizer, pela atividade material da própria sociedade [...].

Convém reconhecer que o sentido dessa passagem é bastante obscuro. O "trabalho" entre aspas é trabalho puro e simples ou o trabalho sob a forma capitalista? Ou então, pelo contrário, abolir o trabalho significa abolir a "atividade material da própria sociedade"? Mas como uma sociedade poderia sobreviver sem "atividade material"?

Em *O capital*, esse tipo de proposição desapareceu. O "reino da liberdade", a utopia comunista libertária de Marx, só pode existir ao apoiar-se no reino da necessidade; não se trata, pois, de "abolir o trabalho", e, sim, de reduzi-lo. O reino da liberdade começa, na jornada, no momento em que se encerra o trabalho necessário: portanto, a redução da jornada de trabalho é a condição fundamental da verdadeira liberdade humana, do tempo livre, durante o qual os seres humanos poderão desenvolver todas as suas potencialidades, mediante atividades cujo único objetivo é o florescimento humano. Assim, segundo Marx, a diminuição do tempo dedicado ao trabalho parece ser a premissa material essencial para a realização do principal objetivo do comunismo: a livre disposição do tempo para atividades que já não são um meio – para a satisfação das necessidades materiais –, mas um fim em si.

Essa celebração do tempo livre, obviamente, não significa que Marx menospreze o trabalho necessário, que ele quer tornar digno e não alienado; aliás, certas formas de atividade livre podem ser consideradas uma espécie de "trabalho": teorizar ou criar uma obra de arte pertencem ao "reino da liberdade", pois nenhuma imposição exterior determina essas ações.

É interessante comparar as duas concepções de liberdade em Marx com as duas concepções de liberdade no liberalismo burguês. Sua formulação clássica acha-se em uma conferência de 1958 de Isaiah Berlin, brilhante – mas muito reacionário – filósofo britânico de origem russa. Partindo das ideias de Thomas Hobbes, John Locke e John Stuart Mill, Berlin distingue duas concepções de liberdade: a liberdade *negativa* é a ausência de entraves ou de coerção sobre o indivíduo; a liberdade *positiva* é a possibilidade de realização de si, de levar a cabo uma ação desejada. Há certa analogia formal entre essas duas concepções e as de Marx; porém, ao contrário de Berlin, o autor de *O capital* tem uma abordagem *materialista*: em sua primeira concepção de liberdade, Marx percebe não só as injunções políticas, legais e institucionais, como também, e sobretudo, aquelas impostas pela realidade material do capitalismo, invisíveis no discurso liberal. E sua visão de liberdade como a realização de si parte igualmente da emancipação das compulsões materiais, do "trabalho necessário". Além disso, a abordagem de Marx é, como vimos, *dialética*: ele não opõe, de forma metafísica, duas essências da liberdade, mas mostra como a primeira – a planificação democrática – é a própria condição da segunda – o tempo livre –, e vice-versa. Como observa acertadamente Antoine Artous, definir uma perspectiva de emancipação através de uma dialética do tempo de trabalho e do tempo livre "pressupõe, pois, emancipar a produção da dominação do trabalho, a fim de organizá-lo de modo racional".[7]

Um dos comentários marxistas mais interessantes sobre o tempo livre, e muito próximos, no espírito, dos escritos de Marx, se acha em Dionys Mascolo. Resiliente, militante comunista de 1946 a 1949, engajado no combate anticolonialista, Mascolo é autor, com Maurice Blanchot e o surrealista Jean Schuster, do célebre *Manifesto dos 121* (1960), que invocou o direito de insubmissão durante a guerra da Argélia. Comunista dissidente e sem partido, eis o que ele escreve sobre a livre disposição do tempo em seu livro *Le Communisme* (1953):

> A única finalidade do movimento comunista é dar tempo aos homens. É dar-lhes tempo, ou fazer com que ganhem tempo, ou deixar-lhes tempo, ou devolver-lhes o tempo, ou dar-lhes meios de *fazer o que quiserem* com seu tempo. E nada mais. E sem se perguntar de antemão, e sem lhes perguntar de antemão em que o empregarão. É inútil citar aqui os textos de Marx que dão precisamente esse sentido ao trabalho revolucionário.

Dionys Mascolo recorda, ainda, a redução da jornada de trabalho exatamente como a formulou Marx, e que, como tal, nunca foi implementada em nenhuma sociedade

---

[7] Artous, *Travail et émancipation sociale*, p.146.

capitalista, sendo que as medidas tomadas não tiveram mais que "o significado de uma melhora superficial, e não definitiva, de um alívio que não cura o mal".

E conclui que a redução da jornada de trabalho ainda é, para o regime da ditadura do proletariado, o primeiro objetivo a ser atingido, e dá a garantia mais certa que se pode dar de sua autenticidade revolucionária. Se o homem é uma mercadoria, se é tratado como coisa, se as relações gerais dos homens entre si são relações de coisa com coisa, é porque é possível comprar seu tempo. Uma vez mais, ninguém está autorizado a perguntar aqui o que o homem fará com o tempo de que dispõe. Não é possível que o tempo livremente empregado por um homem seja um tempo "mal empregado". *O único mal é a compra do tempo*.[8]

Não se pode questionar este ou aquele aspecto de tal argumento, mas Mascolo é um dos raros marxistas que compreendeu o tempo livre como o principal objetivo do movimento comunista. Não é por acaso que se refere, numa nota de rodapé, à passagem do Livro III de *O capital* da qual nos ocupamos aqui.

Ernst Bloch, em seu monumental *O princípio esperança* (*Das Prinzip Hoffnung*, 1954-1959, 3v.), sugere que o projeto comunista do tempo livre se inspira no modo de vida das sociedades pré-modernas, cuja lembrança está presente nas festas populares: "As Saturnais de todos os povos são animadas pela viva lembrança de uma Idade de Ouro, em outras palavras, uma era da liberdade, da igualdade e da fraternidade das *gentes* do comunismo primitivo".[9]

***

---

8 Mascolo, *Le communisme*, p.504.
9 Bloch, *Le principe espérance II*, p.554.

O privilégio conferido por Marx à "autoatividade" livre do "ser humano socializado" é uma ruptura radical com a religião burguesa do trabalho, cuja manifestação mais sinistra, ou cínica, foi o lema fixado no portal de Auschwitz: *Arbeit macht frei* [o trabalho liberta]. Essa religião capitalista do trabalho tem origem, como mostrou Max Weber, na ética protestante, que explicava aos operários que "o trabalho consciencioso, ainda que em troca de baixos salários, por parte de alguém a quem a vida não ofereceu outra oportunidade, é uma coisa que agrada infinitamente a Deus". A pregação dos teólogos protestantes do século XVII como Richard Baxter, preconizando o trabalho como dever para com Deus, "é um exemplo típico da *maneira como* a ascese educava as massas para o trabalho – ou seja, em termos marxistas, para a produção da 'mais-valia' –, tornando, assim, *simplesmente possível* aproveitá-las na relação de trabalho capitalista [...]. O tempo livre, o tempo sem trabalho, era definido como 'tempo desperdiçado', e denunciado como 'o primeiro e o mais grave dos pecados, em seu princípio'".[10]

Ora, observa Weber, os operários ofereciam "uma resistência fortíssima" a essa pressão burguesa, mesmo quando ela vinha acompanhada de promessas monetárias (trabalhar mais para ganhar mais, de algum modo, muito tempo antes dessa formulação), porque "o suplemento de ganho atraía menos do que a redução do trabalho". Fiel ao espírito do trabalho pré-capitalista, o operário não queria "ganhar dinheiro e mais dinheiro, mas simplesmente viver, viver como estava acostumado a viver, e adquirir o que fosse necessário a esse fim".[11]

Não obstante, com o tempo, a força da ideologia burguesa do trabalho foi tal que chegou a contaminar uma

---

10 Weber, *L'éthique protestante et l'esprit du capitalisme*, p.202, 245-7.
11 Ibid., p.39.

parte do movimento operário e socialista, a começar pela social-democracia – mas também, de forma diferente, o estalinismo: basta pensar no estacanovismo ou nos sinistros campos de "reeducação para o trabalho" do Gulag. Walter Benjamin foi um dos primeiros marxistas a criticar essa contaminação pelo viés social-democrata. Na Tese XI de "Sobre o conceito de história" (1940), escreve:

> Nada corrompeu mais o movimento operário alemão do que a convicção de que nadava no sentido da corrente. O desenvolvimento técnico parecia-lhe o declive da correnteza em cujo sentido ele acreditava nadar. Dali, bastava um mero passo para a ilusão de que o trabalho fabril, situado na marcha do progresso técnico, representava um feito político. Com os operários alemães, a velha ética protestante do trabalho celebrava sua ressurreição em forma secularizada. O programa de Gotha[12] já traz as feições dessa confusão. Define o trabalho como a "fonte de toda riqueza e de toda cultura". Ao que Marx, pressentindo o pior, replicou que o homem que não possui outra propriedade senão sua força de trabalho só pode ser "escravo dos outros homens [...] que se fizeram proprietários". Não obstante o alerta, a confusão continua a se difundir e, pouco depois, Josef Dietzgen[13] proclama:

---

12 Alusão ao programa de leis sociais, meta da ação política futura, adotada no fim do congresso realizado em Gotha, em 1875, e que assistiu à criação do Partido Socialista Operário Alemão, resultante de um compromisso entre os partidários de Marx e os de Ferdinand Lassalle.

13 Joseph Dietzgen (1828-1888), operário alemão emigrado para os Estados Unidos e depois para a Rússia, foi durante algum tempo curtidor antes de se tornar autor de livros e artigos, frequentou os círculos revolucionários alemães antes de 1848. Vinculou-se a Karl Marx no fim da vida. Foi um influente pensador da social-democracia alemã.

"O trabalho é o Salvador do mundo moderno. No aperfeiçoamento do trabalho [...] reside a riqueza, que é agora capaz de proporcionar aquilo que até o presente nenhum redentor conseguiu". Essa concepção do trabalho, característica de um marxismo vulgar, não se detém muito na questão de como os trabalhadores tiram proveito dos produtos de seu trabalho enquanto deles não podem dispor. Dietzgen quer considerar somente os progressos do domínio sobre a natureza, não as regressões da sociedade. Ele já prefigura as características da tecnocracia que mais tarde encontraremos no fascismo. Notadamente uma noção de natureza que rompe de forma assustadora com a das utopias socialistas anteriores a 1848. Tal como é concebido no presente, o trabalho resume-se à exploração da natureza, exploração que, com ingênua satisfação, se contrapõe à do proletariado.[14]

Assim, Benjamin se apoia em Marx, mas também nos utopistas socialistas do século XIX, especialmente em Charles Fourier, para rejeitar a ideologia do "progresso" linear – a confortável correnteza na qual a social-democracia alemã acreditava poder nadar – e o culto tecnocrático burguês do trabalho, que não passa de uma versão secularizada da ética protestante. Em sua crítica ao "marxismo vulgar" de Dietzgen e outros ideólogos social-democratas, ele também questiona a doutrina do trabalho como "exploração da natureza" – crítica que corresponde perfeitamente a um dos argumentos de Marx em *O capital*.

Longe de contrapor, com uma "satisfação ingênua", a exploração do proletariado à da natureza, Marx evidencia,

---

14 Benjamin, Sur le concept d'histoire. In: Löwy, *Walter Benjamin, avertissement d'incendie*, p.83-4.

a propósito da agricultura capitalista, a associação íntima das duas explorações:

> Cada avanço da agricultura capitalista é um progresso não só na arte de explorar o trabalhador como também na arte de esgotar o solo; cada avanço na arte de aumentar a fertilidade durante algum tempo é um progresso para a ruína de suas fontes duráveis de fertilidade. Quanto mais um país, os Estados Unidos da América, por exemplo, se desenvolve com base na grande indústria, mais rapidamente o processo de destruição se realiza. Portanto, a produção capitalista só desenvolve a técnica e a combinação do processo de produção social na medida em que solapa os mananciais de toda a riqueza: a terra e o trabalhador.[15]

Diversos aspectos são notáveis nesse texto: primeiramente, a ideia de que o progresso pode ser destrutivo, um "progresso" na degradação e na deterioração do ambiente natural. Aqui, a exploração e o rebaixamento dos trabalhadores e da natureza são colocados em paralelo, como resultados da mesma lógica predatória: a da grande indústria e da agricultura capitalistas.

É muito interessante notar que essa temática também é abordada, no Livro I de *O capital*, em relação direta com a questão da *jornada de trabalho*:

> A limitação do trabalho manufatureiro foi ditada pela necessidade, pela mesma necessidade que fez difundir-se o guano nos campos da Inglaterra. A mesma ambição cega que esgota o solo atacou até a raiz a força vital da nação. [...] Em sua paixão cega e desmedida, em sua glu-

---

15 Marx, *Le capital*, Livre I, p.363. (Tradução revista e corrigida conforme o original alemão.)

tonaria de trabalho, o capital excede não só os limites morais como também o limite psicológico extremo da jornada de trabalho. [...] E atinge sua meta abreviando a vida do trabalhador, do mesmo modo que agricultor ávido obtém rendimento maior esgotando a fertilidade de seu solo.[16]

Essa associação direta entre a exploração do proletariado e a da terra abre campo para uma reflexão sobre a articulação entre a luta de classes – notadamente a luta pela redução da jornada de trabalho – e a luta em defesa do meio ambiente, em um combate comum contra o domínio do capital.

Atualmente, a ideologia burguesa do trabalho toma duas formas complementares: 1) o discurso reacionário do "trabalhar mais para ganhar mais", verdadeira esparrela social e política cujo único objetivo é intensificar a exploração do trabalho e pelo trabalho; 2) o culto obscurantista do "crescimento criador de emprego", compartilhado pela direita neoliberal e a "esquerda" social-liberal, sem mencionar os vastos setores da burocracia sindical. Ora, não só o "crescimento" ilimitado é uma impossibilidade ecológica – por causa dos limites do planeta, cujas capacidades já estão bastante reduzidas em razão do produtivismo capitalista –, como apenas uma reorganização racional da economia poderia realizar a satisfação das necessidades sociais, por meio da extensão dos serviços públicos – educação, saúde, transportes, cultura – e da intensificação de uma produção, agrícola e de produtos alimentícios, orgânica, e não pela "expansão" ao infinito da produção/consumo de bens inúteis e/ou nocivos e/ou ecocidas. Na sociedade ecocomunista do futuro, os apicultores tomarão o lugar das fábricas de inseticidas, as escolas substituirão

---

16 Ibid., p.183-200.

as agências de publicidade, e os painéis solares ocuparão o posto das centrais térmicas (carvão). Seu lema será: "Trabalhar menos para viver mais".

Acaso isso significa que Marx compartilha a abordagem do genro – marido de sua filha Laura e discípulo mal-amado – Paul Lafargue, autor do famoso panfleto *O direito à preguiça* (1880)? Os dois homens compartem a mesma repulsa da religião burguesa do trabalho, ainda que Lafargue insista mais do que Marx na responsabilidade dos operários por sua miséria:

> Uma estranha loucura possui a classe operária nas nações em que reina a civilização capitalista. [...] Essa loucura é o amor ao trabalho, a paixão moribunda pelo trabalho impelida até o esgotamento das forças vitais do indivíduo e de sua progenitora [...]. Trabalhai, trabalhai, proletários, para aumentar a fortuna social e as vossas misérias individuais, trabalhai, trabalhai, para que, tornando-se mais pobres, tenhais mais razão para trabalhardes e serdes miseráveis. Essa é a lei inexorável da produção capitalista.[17]

A proposição de Lafargue de reduzir a três horas a jornada de trabalho cotidiana não difere muito das ideias de Marx. Em compensação, é pouco provável que este considere, como o genro, que a finalidade do tempo livre seja permitir aos trabalhadores "descansar e farrear dia e noite". Decerto, nada indica que o autor de *O capital* considerasse a preguiça, a ociosidade e o desleixo pecados mortais ou deficiências morais; ele apenas tinha uma concepção mais *ativa*, criadora e inventiva do "reino da liberdade"...

***

---

17 Lafargue, *Le droit à la paresse*, p.25.

Há um vínculo profundo entre essa problemática do reino da liberdade e aquela, esboçada nos *Manuscritos econômico-filosóficos* (1844), acerca da oposição entre o *ser* – o desenvolvimento das potencialidades humanas, a "autoatividade"[18] humana – e o *ter* – a acumulação de possessões, a apropriação obsessiva de dinheiro e de bens. O comunismo, como reino da liberdade, fundamenta-se na prioridade do primeiro sobre o segundo, invertendo a lógica alienada imposta pelo capitalismo, lógica segundo a qual "quanto menos tu *és*, menos manifestas a tua vida, quanto mais possuis, mais aumenta a tua vida *alienada*, mais acumulas o teu ser alienado". A economia política burguesa leva às últimas consequências essa lógica capitalista perversa: "A renúncia de si, a renúncia da vida e de todas as necessidades humanas é sua tese principal. Quanto menos você come, bebe, compra livros, quanto menos vai ao teatro, ao baile, ao cabaré, quanto menos pensa, ama, teoriza, quanto menos canta, fala, esgrime etc., tanto mais *economiza*, tanto mais aumenta o seu tesouro [...], o seu *capital*. [...] Tudo quanto o economista toma de vida e de humanidade, ele substitui por *dinheiro* e por *riqueza* para você".[19]

O argumento é um pouco diferente do que se encontra em *O capital*. Em 1844, Marx incluiu naquilo que define o *ser* – isto é, a vida e a humanidade dos seres humanos – três elementos constitutivos: 1) A satisfação das necessidades essenciais (beber, comer). 2) A satisfação das necessidades culturais: ir ao teatro, ao cabaré, comprar livros. Convém notar que se trata, nessas duas categorias, de atos de consumo vital, não de acúmulação de bens (quando muito, de livros!) e menos ainda de acumulação

---

18 O termo *Selbsttätigkeit*, literalmente "autoatividade", que designa a autonomia que deve ser a dos homens, isto é, a atividade humana autônoma, já aparece no *Manifesto comunista*.

19 Marx, *Manuscrits de 1844*, p.103.

de dinheiro. A inclusão de necessidades culturais já é um protesto implícito contra o capitalismo, que quer limitar o consumo do operário unicamente àquilo que lhe permita a sobrevivência elementar: a comida e a bebida. Para Marx, o operário, como todos os seres humanos, tem necessidade de ir ao teatro e ao cabaré, de ler livros, de se educar, de se divertir. 3) A "autoatividade" humana: pensar, amar, teorizar, cantar, falar, praticar esgrima etc. Essa lista é fascinante por sua diversidade, por seu caráter ao mesmo tempo sério e lúdico e pelo fato de incluir ao mesmo tempo o essencial – pensar, amar, falar – e o "luxo" – cantar, teorizar, praticar a esgrima. O que todos esses exemplos têm em comum é o caráter *ativo*: aqui o indivíduo já não é um consumidor, e sim um *ator*. Naturalmente, seria possível acrescentar muitos outros exemplos de atividade humana, individual ou coletiva, lúdica ou política, erótica ou cultural, mas os exemplos escolhidos por Marx abrem ampla janela para o "reino da liberdade". Decerto, a distinção entre esses três momentos não é absoluta, comer e ler livros também são atividades. Trata-se de três manifestações da vida – o *ser* – em contraposição àquilo que está no cerne da sociedade burguesa – o *ter*, a propriedade, a acumulação e, em particular, a acumulação monetária, a foma mais alienada e reificada do *ter*. O que Marx acrescenta, no Livro III de *O capital*, a esse argumento de 1844 é o fato de a autoatividade humana – o terceiro momento mencionado nos *Manuscritos econômico-filosóficos* –, para poder florescer, demandar *tempo livre*, tempo obtido mediante a redução das horas de "trabalho necessário". De modo que essa redução é a chave que abre a porta para o "reino da liberdade", que também é o "reino do ser".

Encontram-se, nos escritos freudo-marxistas do filósofo e psicanalista Erich Fromm, reflexões importantes – diretamente inspiradas pelos *Manuscritos* de 1844 – a respeito da oposição entre "ser" e "ter". Judeu alemão antifascista emigrado para os Estados Unidos, Fromm publica em 1976 o livro *Ter ou ser?*, que compara duas formas opostas de existência social: o *modo ter* e o *modo ser*. No primeiro, minha propriedade constitui minha identidade: tanto o sujeito quanto o objeto são reificados (coisificados). A pessoa se sente como uma mercadoria, e o "isso" possui o "eu". A avidez possessiva é a paixão dominante. Ora, diz Fromm, a ambição, ao contrário da fome, não tem ponto de saciedade, sua satisfação não preenche o vazio interior.[20]

O que seria, então, o *modo ser*? Fromm cita uma passagem de Marx dos *Manuscritos* de 1844:

> Partamos da ideia de que o *ser humano* é um *ser humano* e que sua relação com o mundo é uma relação humana. O amor, então, só pode ser trocado pelo amor; a confiança, unicamente pela confiança.

O *modo ser*, explica Fromm, é um modo ativo, no qual o ser humano exprime suas faculdades, seus talentos, a riqueza de seus dons; no caso, ser ativo significa "renovar-se, desenvolver-se, desbordar, amar, transcender a prisão do eu isolado; e ser interessado, atento; é dar". O modo ser é o *socialismo*, não em sua versão social-democrata ou soviética (estalinista), reduzido a uma aspiração ao consumo máximo, mas segundo Marx: "autoatividade" humana. Em suma, conclui Fromm, citando ainda o Livro III de *O capital*: o socialismo é o reino da liberdade, cujo objetivo é o "desenvolvimento da potência humana como fim em si".[21]

No célebre *A arte de viver para as novas gerações* (1967) – livro que marcou os espíritos de maio de 1968 –, o situacionista Raoul Vaneigem escreveu esta frase provocadora

---

20 Fromm, *Avoir ou être*, p.18, 135, 172.
21 Ibid., p.109, 117, 182-3.

e inapelável: "Aqueles que falam em revolução e em luta de classes sem se referirem explicitamente à vida cotidiana, sem compreenderem o que há de subversivo no amor e de positivo na recusa às coerções, esses trazem na boca um cadáver". O argumento de Marx é importante precisamente porque nos fala da revolução e do comunismo do ponto de vista de uma mudança profunda da vida cotidiana, que terá uma parcela, cada vez maior, libertada das coerções e dedicada a formas de "autoatividade" – entre as quais o amor, o erotismo, o prazer dos sentidos ocupam lugar essencial.

O estabelecimento desse *reino comunista da liberdade* não significa, em especial no período de transição, que os conflitos serão inexistentes: entre as necessidades de proteção ambiental e as necessidades sociais; entre as obrigações pertinentes à ecologia e a necessidade de desenvolver as infraestruturas de base, principalmente nos países pobres; entre os hábitos populares de consumo e a falta de recursos. Uma sociedade sem classes sociais não é uma sociedade sem contradições e tampouco sem conflitos. Estes são inevitáveis: será o papel da planificação democrática, em uma perspectiva ecossocialista liberta das coações do capital e do lucro, resolvê-los por meio de discussões abertas e pluralistas que conduzam a própria sociedade a tomar as decisões. Tal democracia comum e participativa é o único meio não de evitar erros, mas de corrigi-los pela própria coletividade social.

Trata-se de uma utopia? No sentido etimológico – "coisa que não existe em lugar nenhum" –, sim, certamente. Mas acaso as utopias, ou seja, as visões de um mundo alternativo, as imagens de uma sociedade diferente, não são uma característica necessária a todo movimento destinado a desafiar a ordem estabelecida?

***

O combate pela redução da jornada de trabalho começa na própria origem do capitalismo industrial moderno. O tempo livre que o trabalhador obtém mediante sua luta é ao mesmo tempo uma conquista social concreta e imediata e uma prefiguração do futuro emancipado. É portador de uma dinâmica libertária que entra, cada vez mais, em contradição com a própria lógica do sistema capitalista. Faz parte daquilo que Leon Trótski designou como uma "reivindicação transitória", isto é, reivindicação capaz de unir toda a classe trabalhadora em um combate comum imediato, mas que tende, por sua extensão, a questionar os fundamentos da ordem burguesa. Cada hora de vida ganho pelo trabalhador sobre o capital é um avanço da liberdade humana, uma vitória contra a ditadura do capital, uma brecha aberta nos muros da prisão-fábrica, um grão de areia nas engrenagens da escravidão assalariada. Também é o modo principal, mais eficaz, mais concreto de lutar contra o desemprego: se os que têm emprego trabalharem menos (com salário igual), haverá trabalho para todos. Retomaremos este ponto mais adiante.

Em outros termos: o combate pela redução da jornada de trabalho faz parte do que Ernst Bloch chamou de "marcha permanente da humanidade", um primeiro passo no longo caminho, juncado de obstáculos, de recuos e de vitórias parciais, do "reino da liberdade". Sem dúvida, o tempo livre nos limites do capitalismo um tempo frequentemente manipulado pelas potências comerciais, um tempo controlado, domesticado, alienado, corrompido. Do ponto de vista capitalista, as "atividades de lazer", ou, antes, como as chama Erich Fromm, as "passividades de lazer", têm função única: o consumo, a compra do máximo de mercadorias, o *shopping* permanente. Os centros comerciais, os *shopping centers*, essas tristes catedrais da religião consumista, são a expressão material mais visível da neurose obsessiva da aquisição. Mas, como mostra a história do movimento operário, o tempo livre não deixa de conter o potencial de uma autoafirmação do trabalhador, na vida cotidiana, no amor, na auto-organização, na luta. Portanto, não admira que o combate pela redução do tempo de trabalho tenha sido um capítulo tão importante na luta de classes moderna – e um capítulo essencial no primeiro livro de *O capital*, de Marx.

II
MARX E A LUTA PELA REDUÇÃO DA JORNADA DE TRABALHO

O capital, Livro I, capítulo X, "A jornada de trabalho"

Há 150 anos, em 1867, era publicado o Livro I de *O capital*, de Karl Marx, obra que teve papel decisivo na formação cultural do movimento operário moderno. Mas trata-se também de uma obra que foi, com bastante frequência, vítima de leituras reducionistas e dogmáticas, em oposição à letra e ao espírito do livro. Recapitulemos brevemente algumas dessas interpretações, que parecem inspiradas nos métodos atribuídos aos jivaro, os célebres "redutores de cabeça".

1) Para a maior parte dos "marxistas ortodoxos" da II Internacional – Gueorgui Valentinovitch Plekhanov (1856-1918) e Karl Kautsky (1854-1938), para mencionar só dois exemplos ilustres –, a história do capitalismo descrita em *O capital* é um modelo universal, destinado a se reproduzir em praticamente todos os países do mundo – a começar pela Rússia. Ora, em novembro de 1877, Marx havia afirmado o contrário em carta enviada à revista russa *Otetchestwennie Zapiski* [Anais da pátria], na

qual respondia às críticas do populista russo Mikhailovski a *O capital*. Nesse importante documento, ele se levantara contra a tentativa de apresentar seu "esboço da gênese do capitalismo na Europa Ocidental" como uma "teoria histórico-filosófica da marcha geral do capitalismo na Europa, fatalmente imposta a todos os povos, sejam quais forem as circunstâncias históricas em que se encontrem".

Essa advertência foi esquecida ou desconsiderada por seus discípulos "ortodoxos", que se levantaram contra a Revolução de Outubro em nome das "leis da história" pretensamente gravadas no mármore de *O capital*. A ponto de o jovem Antonio Gramsci, já simpatizante dos bolcheviques, chegar a acreditar – equivocadamente – que outubro de 1917 tinha sido "uma revolução contra *O capital*"! No artigo por ele publicado no jornal socialista italiano *Avanti*, em janeiro de 1918, o futuro fundador do Partido Comunista italiano escreve:

> A revolução dos bolcheviques [...] é a revolução contra *O capital* de Karl Marx. *O capital* era, na Rússia, um livro mais dos burgueses que dos proletários. Eis a demonstração crítica de que, na Rússia, havia uma necessidade fatal de que se formasse uma burguesia, de que se inaugurasse uma civilização de tipo ocidental, antes que o proletariado pudesse sequer pensar em sua vingança, em suas reivindicações de classe, em sua revolução. Os fatos fizeram explodir os padrões críticos dentro dos quais a história da Rússia devia ter se desenrolado, de acordo com os cânones do materialismo histórico. Os bolcheviques renegam Karl Marx e, arrimados no testemunho da ação desenvolvida, das conquistas alcançadas, afirmam que os cânones do materialismo histórico não são tão férreos como se poderia pensar e como de fato se pensou.
>
> E, no entanto, os bolcheviques [...] vivem o pensamento marxista, aquele que não morre nunca, [...] e que

A JORNADA DE TRABALHO E O "REINO DA LIBERDADE" 39

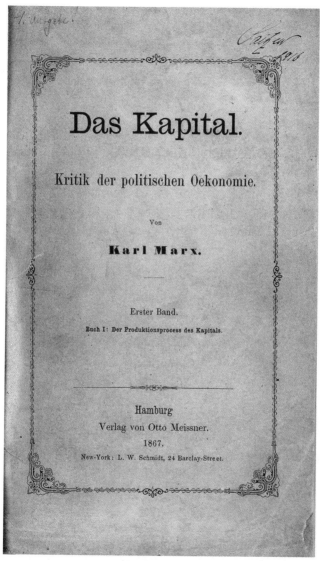

Das Kapital, Livro I: "O processo de produção do capital", na edição de 1867, publicado por Otto Meissner, conservado na Biblioteca Central de Zurique.

sempre coloca como fator principal da história não os fatos econômico brutos, mas o homem, a sociedade dos homens que se reúnem entre si, que se entendem entre si, que desenvolvem através desses contatos (civilização) uma vontade social, coletiva, e que compreendem os fatos econômicos, julgam-nos, adaptam-nos à sua vontade, até que esta passe a ser o motor da economia, formadora da realidade objetiva, que vive, se movimenta e adquire características de matéria telúrica, em ebulição, que pode ser canalizada para onde e como for conveniente.[1]

O voluntarismo do jovem Gramsci era excessivo, e sua oposição entre a ação dos bolcheviques e *O capital*, ou entre os "cânones do materialismo histórico" e o pensamento de Marx, eram bem discutíveis, mas nem por isso ele deixou de captar algo essencial: para Marx, a história é feita pelos seres humanos, não pelas leis da economia...

Naturalmente, Marx se interessa pelas leis da economia capitalista, e o objetivo de *O capital* é, como o autor escreve no prefácio à primeira edição (1867), estudar o "mundo da produção capitalista e as relações de produção e de troca que lhe correspondem". Mas, aos seus olhos, a constituição dessas "relações de produção" é inseparável do processo de *luta de classes*. Reduzir os três livros de *O capital* a cálculos sabichões sobre a queda tendencial da taxa de lucro, como ainda hoje fazem tantos economistas marxistas, negligenciando o conflito social e o processo histórico, é uma visão estreita e reducionista.

2) Geralmente ligada a essa leitura economicista, a interpretação de *O capital* é feita como se se tratasse de uma obra puramente "científica", conforme o modelo livre de

---

[1] Gramsci, *Scritti politici*. (Trad. Michael Löwy.) Cf. também Gramsci, *Écrits politiques I*, p.135-6.

juízos morais ou de *partis pris* "ideológicos".[2] Essa abordagem, que também tem origem na época da II Internacional, persistiu, de diferentes formas, ao longo de todo o século XX; uma de suas manifestações mais influentes foi o anti-humanismo teórico de Louis Althusser (1918-1990) – que não ocultava sua admiração pelos positivistas franceses, em especial por Auguste Comte (1798-1857) e Émile Durkheim (1858-1917) – em *Ler O Capital* (1965), em que ele faz de Marx "um homem de ciência como os outros", comparável com Lavoisier, o fundador da química moderna, por exemplo.

Entre aqueles que não renunciam a uma leitura humanista de *O capital* encontrava-se um certo Ernesto Che Guevara. Referindo-se à grande obra de Marx, o jovem revolucionário argentino-cubano observou: "Tal é o peso desse monumento à inteligência humana que muitas vezes nos faz esquecer o caráter humanista (no melhor sentido da palavra) de suas preocupações".[3]

Quanto ao próprio Karl Marx, ao afirmar a "cientificidade" de *O capital* – embora se tratasse do conceito alemão, dialético, de *Wissenschaft*, como demonstrou Daniel Bensaïd –, ele também proclamava seu ponto de vista socialmente engajado, como escreve no posfácio de 1873 à segunda edição do livro:

> Como tal crítica [a da economia burguesa] representa uma classe, ela só pode representar aquela cuja missão histórica é revolucionar o modo de produção capitalista e, finalmente, abolir as classes – o proletariado.

---

2 Convém dizer que certas fórmulas do prefácio à primeira edição (1867) do Livro I sobre as "leis naturais da economia capitalista" ocasionam esse tipo de interpretação. Não é o caso, pelo contrário, do posfácio à segunda edição (1873), de inspiração profundamente *dialética revolucionária*.

3 Guevara, *Textes politiques*, v.III, p.159.

O *ponto de vista de classe* é, portanto, altamente reivindicado por Marx e, de fato, não se pode compreender o que o distingue dos economistas políticos burgueses se não se levar em conta essa aposta no proletariado e em sua missão revolucionária.

Esse ponto de vista atravessa todo o Livro I, mas se manifesta de forma particularmente impressionante no capítulo X, em uma passagem dedicada à jornada de trabalho. Esse também é o capítulo no qual a luta de classes ocupa, de maneira direta e explícita, o centro do palco, assim como aquele em que os sentimentos, as emoções e os juízos "éticos" do autor se inscrevem muito explicitamente em cada página. Obviamente, não se pode entender esse capítulo "histórico" sem os conceitos fundamentais elaborados nos capítulos precedentes: valor, força de trabalho, mais-valia etc. Inversamente, em uma abordagem dialética, os conceitos "abstratos" só tomam seu significado pleno em relação com o processo da luta de classes.

Lendo esse capítulo, percebemos que a ciência de Marx nada tem de "axiologicamente neutra" (o conceito de Max Weber para designar um conhecimento "objetivo", sem juízo de valor): o ponto de vista de classe, os valores ético-políticos do autor são onipresentes e fazem parte, inseparavelmente, da argumentação científica. Como escreveu Lucien Goldmann (1913-1970), Marx não "mistura" juízos de valor com juízos de fato, utiliza um método *dialético* no qual compreensão, explicação e valorização são rigorosamente *inseparáveis*.[4] Na verdade, o capítulo X é um exemplo magnífico do que se poderia chamar de a "força cognitiva da indignação": sem esta, a descrição e a análise que ele faz do conflito entre o capital e o trabalho no que concerne à duração da jornada de trabalho não

---

4 Goldmann, Y a-t-il une sociologie marxiste?. In: *Recherches dialectiques*, p.293.

teriam o mesmo poder intelectual, a mesma penetração, a mesma acuidade. A capacidade de indignação de Marx é elemento constitutivo do processo de produção do conhecimento de *O capital* em geral e especialmente nesse capítulo.

Convém notar que a questão da jornada de trabalho, tão importante para Marx, está – como observa David Harvey em seu curso de introdução a *O capital*[5] – praticamente ausente nos inúmeros tratados e manuais de economia política liberal, desde os grandes autores clássicos do século XIX até seus medíocres discípulos neoclássicos da época atual. Essa problemática, sem dúvida vital para a maioria da população trabalhadora, é simplesmente "invisível", não aparece entre as categorias da economia oficial, burguesa.

Não se pode conhecer o comunismo de Marx, o "reino da liberdade", sem conhecer de perto seu avesso negativo, o "reino da não liberdade": a fábrica capitalista, em cuja entrada podia estar inscrito, segundo Marx, o célebre aviso que Dante Alighieri colocou nas portas do Inferno: *Lasciate ogne speranza, voi ch'intrate* [Deixai toda a esperança, ó vós que entrais]. Com a diferença que, ainda segundo ele, a esperança operária de sair do inferno capitalista não podia ser abandonada à entrada, ou tampouco aniquilada: é precisamente no combate dos trabalhadores para reduzir a duração de sua jornada de escravidão assalariada que se lançam as sementes do futuro emancipado. A luta pelo tempo livre começa, na metade do século XIX, com a *guerra de classe* que tem por objeto a duração do trabalho.

***

Iniciemos a análise do capítulo X do Livro I por um argumento que raramente se leva em conta nas leituras de

---

5 Harvey, *Marx's Capital*.

O capital: a comparação entre a duração do trabalho nas manufaturas pré-industriais e no inferno capitalista industrial moderno. Antes do advento da grande indústria, o operário podia viver uma semana inteira com o salário de quatro dias. Um empresário se queixou de que "nossa plebe manufatureira não trabalha em média mais que quatro dias". Ora, isso se tornou impossível com as novas regras impostas pela indústria moderna: os salários baixos e as condições de trabalho draconianas já não o permitem (p.205-6).[6] Esse diagnóstico feito por Marx revela um aspecto importante de seu pensamento: sua visão *dialética* do progresso. Em outra passagem de *O capital*, ele propõe o seguinte diagnóstico, que contrasta com a ideologia burguesa do progresso linear: no capitalismo, "cada progresso econômico é ao mesmo tempo uma calamidade social". Em outros termos, Marx não nega o progresso tecnológico e produtivo que representa a grande indústria, mas constata que ele geralmente vem acompanhado de uma *regressão social* dramática, especialmente no que diz respeito às condições de vida e de trabalho dos operários.

É interessante notar que essa percepção dialética do caráter socialmente regressivo do progresso capitalista já se encontrava no *Manifesto comunista* (1848), que escreveu com Engels. A admiração de Marx pelas imensas forças produtivas criadas pela burguesia não o impede de constatar as calamidades sociais que elas representam para o operário moderno, em comparação com a situação do trabalhador pré-industrial (artesão ou empregado de manufatura):

> O trabalho dos proletários perdeu toda sua atração com o desenvolvimento do maquinismo e da divisão do

---

[6] As páginas indicadas entre parênteses no texto remetem à edição francesa de *O capital*, 1969.

trabalho. O trabalhador passa a ser um simples acessório da máquina [...]. À medida que o trabalho se torna mais desagradável, o salário diminui. E mais: a soma de trabalho aumenta com o desenvolvimento do maquinismo e da divisão do trabalho, seja pelo aumento das horas efetuadas, seja pelo aumento do trabalho exigido em determinado tempo, a aceleração do ritmo das máquinas etc.[7]

Em suma, em comparação com as condições pré-industriais, notadamente artesanais, o trabalho tornou-se "menos atraente", "mais desagradável" e, sobretudo, cada vez mais duradouro: tornou-se muito penoso. Marx retomará esse argumento do *Manifesto*, porém desenvolvendo-o bem mais, no capítulo X do Livro I de *O capital*. Como seu conhecimento dos mecanismos de exploração da indústria tinha aumentado consideravelmente, ele estudará o fenômeno em todas as suas manifestações.

É claro que Marx não idealiza de modo nenhum as condições de trabalho na servidão ou na escravidão! Não deixa de mencionar a situação dos escravos das minas de ouro e de prata no Império Romano: trabalhar até a morte era a lei. Mas aqui ele introduz uma distinção capital:

> No mundo antigo, estas eram exceções. Mas assim que os povos, cuja produção ainda funcionava nas formas inferiores da escravidão e da servidão, foram levados a um mercado internacional dominado pelo modo de produção capitalista e, por isso, vender seus produtos no exterior passou a ser seu principal interesse, a partir desse momento os horrores do excesso de trabalho, esse produto da civilização, passaram a afetar a barbárie da escravidão e da servidão. Enquanto a produção nos estados do Sul da união americana esteve dedicada principal-

---

[7] Marx, *Manifeste du Parti communiste*, p.28-9.

mente à satisfação das necessidades imediatas, o trabalho dos negros apresentou um caráter moderado e patriarcal. Mas à medida que a exportação do algodão veio a ser de interesse vital para esses estados, o negro ficou sobrecarregado e o consumo de sua vida em sete anos de trabalho passou a ser parte integrante de um sistema friamente calculado. Já não se tratava de obter dele certa massa de produtos úteis. Tratava-se, isto sim, da produção da mais-valia. O mesmo se passou com o servo, por exemplo, nos principados danubianos. (p.181)

O capitalismo industrial comparte, pois, com os escravagistas norte-americanos a busca, por todos os meios, da extensão ilimitada da jornada de trabalho, ultrapassando sem escrúpulos não só os limites morais – as necessidades intelectuais e sociais – como também os limites fisiológicos dos operários e das operárias –, tendo por resultado a exaustão e a morte prematura de tantos escravos assalariados. Indiferente a toda consideração moral ou social, o capitalista industrial é impelido tão somente pela feroz paixão de prolongar desmesuradamente a jornada de trabalho (p.178, 181, 200).

Tentando representar por uma imagem, uma *alegoria*, o caráter desumano, insaciável e monstruoso do capital, Marx o compara inúmeras vezes a um *vampiro*. Obviamente, trata-se de um juízo moral, mas a imagem tem um sentido preciso: o capital é trabalho morto (na forma de máquinas, edifícios, dinheiro) que "bebe" o trabalho vivo do operário (p.179, 195). Na verdade, não se trata de uma acusação contra o capitalista como indivíduo, trata-se de uma acusação contra o capital enquanto *sistema*. Já no prefácio à primeira edição, Marx observa sobriamente:

Para evitar possíveis mal-entendidos, uma palavra mais. Eu não pintei de rosa o capitalismo e o proprietário fundiário. Mas aqui só se trata de pessoas na medida em que elas são a personificação de categorias econômicas, as sustentações de interesses e de relações de classes determinadas. O meu ponto de vista [...] pode menos que qualquer outro responsabilizar o indivíduo pelas relações das quais ele continua sendo a criatura, por mais que faça para delas se livrar.

No quadro das relações sociais capitalistas e da concorrência feroz pelo mercado, todo comportamento "generoso" é excluído de antemão. Em um discurso curioso e irônico que atribui a um operário, dirige-se ao capitalista nos seguintes termos: "Você pode ser um burguês modelo, talvez membro da sociedade protetora dos animais e, ainda por cima, com fama de santidade; pouco importa". E acrescenta: "Porque nos negócios não há lugar para o sentimento" (p.180).

Sem exonerar o burguês de suas responsabilidades, a indignação de Marx investe sobretudo contra a perversidade, a desumanidade e a injustiça do *sistema capitalista enquanto tal*, contra suas leis econômicas cegas e impessoais. É essa lógica implacável que conduz o "burguês modelo", amigo dos animais, a um comportamento digno de Drácula:

> Enquanto capitalista, ele é apenas o capital personificado; sua alma e a alma do capital são uma só. Ora, o capital tem apenas uma inclinação natural, um motivo único; tende a crescer, a criar uma mais-valia, a absorver, por meio de sua parte constante, os meios de produção, a maior massa possível de trabalho extra.[8] O capital é trabalho morto, que, como o vampiro, só ganha vida

---
8 J. Roy traduz como "trabalho extra" a ideia de mais-trabalho.

sugando o trabalho vivo, e sua vida é tanto mais alegre quanto ele mais suga. (p.179)[9]

Em busca de precedentes para o tratamento brutal dos trabalhadores pelo capital, Marx se refere à conquista espanhola da América no século XVI: as "atrocidades monstruosas do capital" mal foram "superadas pelas crueldades dos espanhóis contra os peles-vermelhas da América" (p.186). É provável que a comparação enfoque menos o extermínio dos índios do que a terrível exploração do trabalho escravo de indígenas pela oligarquia colonial – principalmente nas minas de ouro –, denunciada por Bartolomeu de Las Casas desde os primeiros tempos da conquista.

Outra comparação que aparece com frequência é entre a escravidão assalariada e a escravidão pura e simples, tal como era praticada no Sul dos Estados Unidos. É claro que Marx não ignorava a distância que havia entre as condições de vida do escravo negro e as dos proletários de Londres ou Nova York: aliás, esse é o motivo pelo qual ele apoiou com tanto entusiasmo o presidente Abraham Lincoln e sua luta pela abolição da escravatura nos Estados Unidos. Mas ele não deixa de constatar, como muitos observadores, certas analogias. Cita, por exemplo, a passagem de um artigo publicado no jornal conservador *The London Daily Telegraph*:

> Nós protestamos contra os agricultores da Virgínia e da Carolina. Acaso seu mercado de escravos negros, com

---

[9] Uma imagem que aparece com frequência em Marx para se referir ao capital é a de Moloque, ídolo pagão que exigia sacrifícios humanos. No capítulo X, trata ironicamente do "Deus Capital", acerca do trabalho no domingo: punido como "profanação do sabá" quando um operário se ocupa de seu jardim, mas permitido quando a fábrica o faz trabalhar "em honra e no interesse do Deus Capital".

todos os horrores das chibatadas, e seu tráfico de carne humana são mais horríveis que esta lenta imolação de homens que só ocorre com o propósito de fazer véus e colarinhos para o lucro dos capitalistas? (p.186)

Marx também cita os trabalhos do economista abolicionista John Elliott Cairnes (1823-1875): nas plantações escravagistas do Sul dos Estados Unidos, especialmente no Kentucky e na Virgínia, onde a mão de obra é abundante, assim como nas ilhas tropicais, em Cuba, "vemos a classe dos escravos não apenas alimentada da maneira mais grosseira e em face das vexações mais encarniçadas, como também destruída diretamente, em grande parte pela longa tortura de um trabalho excessivo e pela falta de sono e de descanso (p.201).

Comentando essa descrição da brutalidade da escravidão, Marx não hesita em esboçar uma comparação com o que ocorre nos países de escravidão assalariada:

> *Mutato nomine de te fabula narratur!* Em vez de comércio de escravos, leia-se mercado de trabalho; em vez de Virgínia e Kentucky, leia-se Irlanda e os distritos agrícolas da Inglaterra, da Escócia e do País de Gales; em vez de África, leia-se Alemanha. É notório que o excesso de trabalho ceifa os refinadores de Londres, e, no entanto, o mercado de trabalho de Londres está constantemente abarrotado de candidatos para a refinaria, na maior parte alemães, destinados a uma morte prematura. (p.201)

Para explicar a realidade da fábrica, Marx recorre não só a tais comparações como também, com muita frequência, a uma imagem literária impressionante: o *Inferno* de Dante. Referindo-se à indústria química de palitos de fósforo, escreve:

A jornada de trabalho varia entre doze, catorze e quinze horas; trabalha-se à noite, as refeições, irregulares, são ingeridas na maior parte do tempo na própria oficina envenenada pelo fósforo. Dante acharia as torturas de seu inferno ultrapassadas pelas dessas manufaturas.

Em sua descrição das condições de trabalho e, em primeiro lugar, dos horários de trabalho insuportáveis nas fábricas capitalistas modernas – sobretudo na Inglaterra, país capitalista por excelência, mas também na Irlanda, na França e, às vezes, em outros países –, Marx retoma as informações colhidas nos relatórios dos inspetores de fábricas, dos médicos e, ocasionalmente, em artigos de jornalistas. Esses profissionais da pequena burguesia pareciam, por diversos motivos, tomar certa distância do capitalismo ao observar seus aspectos mais odiosos. No caso dos inspetores e dos médicos, certa independência, certo "espírito do ofício" e, talvez, motivos religiosos tiveram um papel em sua atitude crítica.

O corpo de inspetores apareceu quando o Parlamento britânico aprovou o *Factory Act* [Lei Fabril] em 1850 (da qual falaremos mais adiante):

> Para fazer observar essa lei, nomearam-se funcionários especiais, os inspetores de fábrica, diretamente subordinados ao Ministério do Interior, cujos relatórios são publicados de seis em seis meses por ordem do Parlamento. Esses relatórios fornecem uma estatística corrente e oficial que indica o grau do apetite capitalista. (p.183)

Os horários de trabalho desumanos eram, sem dúvida, aos olhos de Marx, um dos aspectos mais infames da exploração capitalista: doze, catorze, quinze, dezoito horas por dia, ou mais, eram durações habituais na indústria capitalista do século XIX. Tratava-se, insiste o autor, de uma agressão contra as próprias raízes da vida e da saúde do trabalhador, daí o recuo da expectativa de vida registrado em grandes setores da população laboriosa:

> A produção capitalista, que é essencialmente produção de mais-valia, absorção de trabalho extra, não produz, pois, somente pela prolongação da jornada que impõe, a deterioração da força de trabalho do homem, privando-a de suas condições normais de funcionamento e de desenvolvimento, em termos tanto físicos quanto morais; ela produz o esgotamento e a morte prematura dessa força. Prolonga o período produtivo do trabalhador durante certo decurso de tempo, abreviando a duração de sua vida. (p.201)

Essa degradação da saúde dos trabalhadores constituía, em última instância, uma ameaça às sociedades industriais. Mas, constata Marx, essa não era de modo algum a preocupação dos industriais:

> Depois de mim, o dilúvio! Esse é o lema de todo capitalista e de toda nação capitalista. O capital está longe de se preocupar com a saúde e a duração da vida do trabalhador, a menos que seja compelido pela sociedade. A quaisquer queixas contra ele, relacionadas à degradação física e intelectual, à morte prematura, às torturas ligadas ao trabalho excessivo, a resposta é simplesmente: "Por que nos aborrecer com esses tormentos, se são eles que aumentam as nossas alegrias (nossos lucros)?"[10] É verdade que, para assimilar as coisas em seu conjunto, isso não depende tampouco da boa ou má vontade do capitalista individual. A livre concorrência impõe aos capita-

---

10 Refere-se a uma frase de um poema de Goethe, que Marx aqui insere com um distanciamento irônico.

listas as leis imanentes da produção capitalista como leis coercitivas. (p.203)

Uma vez mais, sem poupar suas críticas ao comportamento cínico dos burgueses, Marx insiste na força coercitiva das leis capitalistas, que não dão lugar à "boa vontade" ou à ética. Trata-se, em última análise, da perversidade do *sistema*.

Estudando atentamente os relatórios dos médicos e dos inspetores de fábrica, ele descreve, de maneira concreta e minuciosa, os numerosos exemplos do tratamento impiedoso e degradante infligido aos operários. Não se trata de alinhar estatísticas, e sim de seres humanos vivos, de carne e osso, com nome e sobrenome, sacrificados no altar do Moloque Capital.

Um dos casos que ele cita, e que muito o sensibilizou, é o de uma humilde costureira inglesa, Mary Anne Walkley, de 20 anos, cujo destino foi registrado na primeira página dos jornais de Londres em junho de 1863: "Death by Simple Overwork", dizia a manchete, ou seja, "Morte por simples excesso de trabalho". Mary Anne trabalhava com sessenta outras moças em um ateliê de costura que preparava, com urgência, as toaletes das grandes damas convidadas a um baile em homenagem à princesa de Gales. Obrigada pelos patrões a trabalhar 26,5 horas seguidas, sem interrupção, em um espaço muito apertado, não arejado, a jovem adoeceu: morreu dois dias depois. Até mesmo um jornal burguês como o *Morning Star* foi obrigado a reconhecer que "nossos escravos brancos são vítimas do trabalho, que os conduz à sepultura; eles se esgotam e morrem sem tambor nem trompete" (p.193-4).

O caso dessa moça estava longe de ser isolado. Marx cita longamente o relatório do dr. Richardson, médico--chefe de um hospital de Londres:

As costureiras de toda sorte, modistas, especialistas em vestidos etc. são atacadas por três flagelos: excesso de trabalho, falta de ar e falta de alimentação ou de digestão. Em geral, esse tipo de trabalho convém mais, em todas as circunstâncias, às mulheres do que aos homens. Mas a desgraça do ofício, principalmente em Londres, é ter sido monopolizado por 26 capitalistas que, por meios coercivos resultantes do próprio capital [*that spring from capital*] economizam na despesa esbanjando força de trabalho. Essa potência se faz sentir em todos os ramos da costura. [...] Trabalhar até a morte, essa é a ordem do dia, não só nas oficinas das modistas, mas em qualquer profissão. (p.194)

Dentre todas as vítimas da longa duração do trabalho imposta pelo capital, *as crianças* eram as que suscitavam o mais alto grau de indignação em Marx. Os exemplos de trabalho infantil, especialmente o noturno, ocupam várias páginas desse capítulo. Um relatório de inspetores de fábrica reproduz o testemunho de William Wood, menino de 9 anos, que, desde os 8 foi obrigado a trabalhar em uma fábrica de cerâmica das 6 horas da manhã às 9 da noite, ou seja, quinze horas por dia... Marx cita a conclusão de um relatório oficial da Comissão do Trabalho Infantil [Children's Employment Commission]:

Nenhum ser humano pode imaginar a massa de trabalho que, segundo o depoimento das testemunhas, é executada por crianças de 9 a 12 anos, sem concluir irresistivelmente que não se deve permitir nem mais um minuto esse abuso de poder por parte dos pais e dos empresários. (p.195)

Essas crianças, escreve Marx, são jogadas "sob a roda do Jaganata capitalista" (p.211). Na Índia, Jaganata, encarnação da divindade Vishnu, Senhor do Universo, era levado em procissão em uma carruagem sobre rodas imensas e pesadíssimas; segundo os relatos, o ídolo de madeira pintada de branco, preto e amarelo exigia sacrifícios humanos, deviam-se jogar crianças sob as rodas. Em *O capital*, Marx utiliza com frequência essa alegoria oriental para denunciar o caráter mortífero do capital, o tipo de culto idólatra que exige a oferenda de vidas humanas.

***

Marx não descreve os trabalhadores unicamente como vítimas. Seu ponto de vista não é o da compaixão filantrópica, e sim o da *luta de classes*. O conflito em torno da regulamentação da jornada de trabalho era "uma luta de vários séculos entre o capitalista e o trabalhador" (p.203). A forma mais simples que tomou a resistência operária, durante séculos, era simplesmente a recusa a trabalhar mais. Como Marx observa, não sem ironia, apesar do esforço do Estado, quer dizer, o da Coroa britânica, para disciplinar o trabalho "até a época da grande indústria, o capital não havia conseguido, na Inglaterra, pagando o valor semanal da força de trabalho, se apoderar do trabalho do operário correspondente à semana inteira, com exceção, contudo, daquele do trabalhador agrícola. Do fato de poderem viver toda a semana com o salário de quatro dias, os operários não concluíam de modo algum que devessem trabalhar os dois outros dias para o capitalista" (p.205).

Essa situação de fato suscitaria críticas violentas por parte dos economistas burgueses, que logo se apressaram a denunciar a "ociosidade" dos trabalhadores. Entre os acusadores da classe operária, o mais enfurecido era, segundo Marx, o autor anônimo do livro *An Essay on Trade and Commerce: Containing Observations on Taxation*, publicado em Londres em 1770. O economista que assina a obra formulou uma proposição para fazer os preguiçosos trabalharem: tratava-se, resume Marx, de "encarcerar os trabalhadores que estivessem a cargo da caridade pública, os pobres em suma, em uma casa de trabalho ideal [*an ideal workhouse*]. A tal casa devia ser uma casa de terror [*house of terror*]. Nessa *ideal workhouse*, eles trabalhariam catorze horas por dia, de modo que, subtraindo-se o tempo das refeições, restariam doze horas de trabalho plenas e inteiras. [...] A 'casa de terror' para os pobres, com que a alma do capital podia sonhar em 1770, tornou-se realidade alguns anos depois sob a forma da gigantesca 'casa de trabalho' construída para os operários manufatureiros. Seu nome era fábrica, e o ideal de súbito empalideceu diante da realidade." (p.206)

Confrontados com a escravidão na fábrica, os operários desenvolveram formas de resistência coletiva. Foi a batalha, que se estenderia ao longo de todo o século XIX, pela criação de uma jornada de trabalho normal. Tratava-se, escreveu Marx, "de uma guerra civil longa, obstinada e mais ou menos dissimulada entre a classe capitalista e a classe operária. Tendo começado no domínio da indústria moderna, a luta foi declarada em primeiro lugar, portanto, na própria pátria dessa indústria, a Inglaterra. Os operários manufatureiros ingleses foram os primeiros campeões da classe operária moderna, e seus teóricos, os primeiros a atacar a teoria do capital." (p.222)

A primeira vitória, ainda que bastante limitada, mais fictícia que real, foi a *Factory Act* de 1833, que restringiu a jornada de trabalho a... quinze horas! Foi o suficiente para que o grande amigo do "progresso industrial" que era o dr. Andrew Ure (1778-1857) – o representante mais feroz dos interesses capitalistas, frequentemente citado por Marx – denunciasse a lei como um retorno ao tempo das trevas! Quer dizer, à "ociosidade" de antes da Revolução Industrial.

O movimento cartista (1838-1848), o primeiro grande movimento político operário moderno – que lutou pelo direito de voto dos trabalhadores –, teve papel importante para a aprovação no Parlamento das *Factory Acts* de 1844 e de 1847. A proscrição dos cartistas em 1848 – com o encarceramento de seus líderes – favoreceu a vingança dos capitalistas, como sublinha Marx, que a compara com os levantes escravagistas, no Sul dos Estados Unidos, contra a abolição da escravidão promovida por Abraham Lincoln:

> Desde então, os senhores fabricantes não tiveram mais necessidade de se incomodar. Declararam-se em revolta aberta não só contra a lei das dez horas como também contra toda a legislação que, a partir de 1833, procurava refrear em certa medida a "livre" exploração da força de trabalho. Foi uma rebelião escravagista [*pro-slavery rebellion*] em miniatura, que se prolongou durante dois anos com a insolência mais cínica, a obstinação mais feroz e o terrorismo mais implacável. (p.214)

O desejo dos *tories* (conservadores) de se vingar das medidas de abertura do comércio exterior impostas pelos liberais burgueses favoreceu, em um jogo complexo de manobras parlamentares, a regulamentação do trabalho por ocasião da votação das *Factory Acts* de 1850 e de 1853. A pressão operária não diminuiu. Em seguida, de 1853 a 1860, impuseram-se progressivamente a jornada de dez horas e a proibição do trabalho infantil: segundo Marx, "a força de resistência do capital diminuiu gradualmente, ao passo que a força de ataque da classe operária aumentou com o número de seus aliados nas camadas da sociedade que não tinham nenhum interesse imediato na luta" (p.220).

Marx não explica quem eram esses aliados, mas entre eles se encontravam, sem dúvida, setores da pequena burguesia, notadamente os médicos e os inspetores de fábrica. Estes tiveram papel decisivo ao alertar a opinião pública com seus relatórios, ao denunciar as condições de trabalho – principalmente as das crianças – nas fábricas e ao protestar contra as manobras jurídicas dos representantes do capital (p.116, 120). Seria interessante estudar a origem social, a visão de mundo e o comportamento desse grupo socioprofissional, preocupado com a política sanitária e social, que se transformou em aliado jurídico e político da classe trabalhadora inglesa.

Um dos países em que então a luta pela redução da jornada de trabalho estava mais avançada eram os Estados Unidos. Marx cita com entusiasmo as diversas lutas dos trabalhadores norte-americanos – muitos eram imigrantes europeus, alemães, irlandeses ou italianos – pela *jornada de oito horas*. Em agosto de 1866, em Baltimore, realizou-se o congresso geral dos trabalhadores do país. No final, adotou-se uma resolução que proclamava notadamente: o primeiro passo para libertar o trabalho da escravidão capitalista é a criação de uma lei que limite a jornada de trabalho a oito horas. Essa palavra de ordem seria retomada, pouco depois, com o incentivo do próprio Marx, pela Associação Internacional dos Trabalhadores – a Primeira Internacional –, que aprovaria em seu primeiro congresso, em setembro de 1866, em Genebra, a luta pela redução de jornada (resolução citada por Marx no capítulo X de *O capital*, p.223). Como veremos adiante, foi nos Estados Unidos que se deu a grande batalha do 1º de Maio de 1866 pela jornada de oito horas.

***

Tentando estender, sem nenhum limite, o tempo de trabalho dos operários, o capital procurou reduzir, por todos os meios, o tempo livre, ou seja, o tempo que o trabalhador podia dedicar à sua realização humana: "Tempo para a educação, para o desenvolvimento intelectual, para o cumprimento de funções sociais, para as relações com parentes e amigos, para o livre jogo das forças do corpo e do espírito, mesmo para a celebração do domingo" (p.200), eis o que era ceifado pelo capital, que parecia considerar tais atividades, por indispensáveis que fossem à vida, "pura parvoíce", isto é, pura... perda de tempo.

Uma vez mais, a lista das "ocupações" do tempo livre, que – vez ou outra não constitui um hábito – inclui até as atividades religiosas, cultuais, dos trabalhadores, nos dá uma ideia do que poderia ser, em uma sociedade comunista – ou seja, no reino da liberdade –, uma vida humana emancipada. Uma vida em que cada hora de liberdade arrancada do trabalho assalariado (a serviço do capital) é uma amostra, uma promessa, um presságio.

III
UM SÉCULO E MEIO DE LUTAS PELA REDUÇÃO DA JORNADA DE TRABALHO

A guerra civil latente que se desenrola entre o capital e a classe operária, na qual está em jogo a jornada de trabalho, evocada no capítulo X de *O capital*, se ampliou e se intensificou consideravelmente depois da morte de Karl Marx, em 1883. Seu epicentro se torna, então, a jornada de oito horas, objeto de um confronto encarniçado entre os patrões, apoiados por juízes e governantes – e vigorosamente auxiliados por seus bandos de homens armados e fardados, policiais ou militares –, e as organizações operárias. Um confronto ora encoberto, ora escancarado, às vezes "pacífico", mas quase sempre violento, que tem como palco não apenas os parlamentos e os tribunais, mas sobretudo as fábricas, os bairros populares, as ruas e as praças.

A jornada de oito horas foi uma reivindicação mais bem-sucedida que outras – como aquelas por aumento de salários ou pela melhora das condições de trabalho – em unificar o conjunto das categorias profissionais e sociais do mundo do trabalho em um combate comum: mulheres e homens, temporários e contratados, nacionais e estrangeiros, brancos e negros, jovens e velhos. Todas e todos, independentemente do sexo, da idade, da cor da pele ou da profissão, se reconheciam na luta pela jornada de 8 horas. Foi, ademais, um combate que permitiu reunir sindicalistas, anarquistas, socialistas, comunistas, reformistas e revolucionários em torno de um mesmo objetivo. É preciso reconhecer que, nas primeiras décadas depois de Chicago, os principais organizadores do movimento eram, em muitos países, os anarcossindicalistas. Também é interessante constatar que, em muitas batalhas pela redução do tempo de trabalho, eram os *operários* que estavam na linha de frente.

Enfim, trata-se de uma reivindicação que sempre havia suscitado a hostilidade, ou melhor, o ódio ferrenho de várias gerações patronais, desde o século XIX até o Medef* de hoje. Os capitalistas e seus representantes no governo, nos parlamentos, na imprensa e nas cátedras de economia política incessantemente denunciaram como criminosa, irresponsável e catastrófica para a economia nacional a supressão do trabalho infantil, a limitação da jornada de trabalho a oito horas, as férias pagas. É um discurso usado há duzentos anos, que se repete ao infinito feito um rosário de orações.

***

Recordaremos aqui, sem nenhum desejo de exaurir o tema, alguns momentos marcantes dessa batalha internacional entre o capital e o trabalho em torno da redução da jornada de trabalho.

Um dos primeiros episódios marcantes do combate pelas oito horas registrado nos anais do movimento operário internacional é a data de 1º de maio de 1886 em Chicago.

---

* Mouvement des Entreprises de France (Movimento Empresarial Francês), a maior federação patronal da França. (N. T.)

Naquela época, os operários norte-americanos – em geral de origem imigrante – eram obrigados a trabalhar mais de dez horas por dia, muitas vezes doze ou catorze horas. Quando de sua conferência em 1884, em Chicago, uma organização sindical muito moderada, a Federation of Organized Trades and Labor Unions (Fotlu, Federação dos Sindicatos do Comércio e do Trabalho) proclamou: "A partir do dia 1º de maio de 1886, a jornada de trabalho legal passará a ser de oito horas". Em 1º de maio de 1886, ocorreram greves e manifestações em diversas cidades dos Estados Unidos, organizadas pela Fotlu com o apoio de outra organização "apolítica", os Knights of Labor [Cavaleiros do Trabalho], próxima da maçonaria, bem como, em certas cidades, com o apoio dos grupos anarcossindicalistas: a participação foi de aproximadamente 300 mil grevistas. Chicago, onde os anarcossindicalistas eram influentes, foi o epicentro da agitação em defesa da jornada de oito horas: 40 mil operários e operárias entraram em greve.

Nas fábricas McCormick, a greve foi organizada pelo sindicato dos metalúrgicos, formado majoritariamente por anarcossindicalistas. No dia 3 de maio, em frente à fábrica, a polícia atirou na multidão de grevistas, matando quatro operários; no dia seguinte, a esquerda sindical – sobretudo a anarcossindicalista, organizada em torno dos jornais *The Alarm* e o *Arbeiter-Zeitung* [Gazeta dos Trabalhadores] – convocou um comício de protesto em Chicago, que se realizaria na praça do Haymarket, o antigo mercado de feno.

Os manifestantes – cerca de 3 mil militantes operários – já estavam se dispersando quando a polícia os atacou com violência. Naquele momento, alguém – nunca se soube quem – lançou uma bomba nos policiais, matando oito e ferindo sessenta. Estes reagiram disparando contra a multidão, matando cerca de oito manifestantes (não se conhece o número exato) e ferindo duzentos.

Convocação bilíngue para o comício dos trabalhadores, a 4 de maio, em Haymarket. A segunda edição do cartaz já não contém o apelo a se armarem. Fonte: chicagohistory.org.

Incapazes de encontrar o responsável pela explosão da bomba que causou as primeiras mortes, as autoridades decidiram prender os oito principais dirigentes do sindicalismo revolucionário de Chicago, que haviam organizado o comício. Eles foram levados ao tribunal e submetidos a uma paródia de julgamento.

O procurador Julius Grinnel declarou ao júri: "A república fica a apenas um passo da anarquia. É a lei que está sendo julgada aqui, ao mesmo tempo que o anarquismo. Esses oito homens foram escolhidos porque são líderes. Eles não são mais culpados do que as milhares de pessoas que os seguem. Senhores do júri, condenem esses homens, façam deles um exemplo, mandem enforcá-los e salvem nossas instituições e nossa sociedade. Cabe a vocês decidir se daremos o passo em direção à anarquia ou não".

Foi por causa de suas ideias, de seus panfletos e de seus chamados revolucionários à luta que cinco dos dirigentes sindicais foram condenados à morte e três outros a longas penas de prisão.

Um deles, Louis Lingg, consegiu se suicidar com uma banana de dinamite antes de ser executado; quatro outros, August Spies, Albert Parsons, Adolph Fischer e George Engel foram enforcados no dia 11 de novembro de 1887. No cadafalso, já com a corda no pescoço, Spies pronunciou suas últimas palavras, hoje gravadas em letras de bronze no monumento aos Mártires de Chicago: "Chegará o dia em que o nosso silêncio será mais poderoso do que as vozes que hoje estrangulais". Alguns anos depois, em 1893, o novo governador do estado de Illinois, John P. Altgeld, decidiu reabilitar os militantes assassinados: a maior parte das "provas" apresentadas pela acusação durante o processo haviam sido "fabricadas".

Quem eram esses combatentes libertários de Chicago, pioneiros da luta pela jornada de oito horas e vítimas da justiça de classe? Imigrantes alemães, em sua maioria, que haviam passado pelo movimento socialista – o Partido Socialista do Trabalho (Socialist Labour Party, SLP) – antes de aderir ao anarcossindicalismo. Entre eles, um só havia nascido em solo norte-americano: Albert Parsons, que participara da Guerra de Secessão nas fileiras das forças abolicionistas de Lincoln; como seus camaradas, passara do SLP ao anarquismo.

É interessante notar que, entre as pessoas que se mobilizaram para defender os anarquistas de Chicago, encontrava-se Eleanor Marx, a quarta filha de Karl e Jenny, nascida em 1855 e que passava uma temporada de alguns meses nos Estados Unidos, em 1886. Em um discurso em novembro daquele ano, denunciou o processo como "um dos mais infames assassinatos legais que já se

Retratos dos mártires de Haymarket, Chicago ("Portraits of the Haymarket Martyrs"), de Walter Crane (1845-1915), imagem publicada em novembro de 1894 no jornal *Liberty*, de Londres.

perpetraram". Se os acusados forem executados, proclamou, "teremos de dizer de seus algozes o que meu pai disse dos que massacraram o povo de Paris: 'A história os pregará em um pelourinho eterno, e nem todas as orações de seus padres conseguirão resgatá-los'".

A JORNADA DE TRABALHO E O "REINO DA LIBERDADE" 65

"Os mártires de Haymarket". A imagem se desgastou com o tempo, mas ainda se pode ler sob cada retrato uma citação do condenado, geralmente suas últimas palavras.
Adolf Fisher: "Este é o momento mais feliz de minha vida"; August Spies: "Chegará o dia em que o nosso silêncio será mais poderoso do que as vozes que hoje estrangulais"; Albert R. Parsons: "Que a Voz do Povo Seja Ouvida!"; Louis Lingg: "Eu sou anarquista!"; George Engel: "Viva a Anarquia!". No centro, "Mártires da Liberdade, 11 de novembro de 1887".
Abaixo, uma frase traduzida de Proudhon: "Pois para sempre em teus olhos, oh, liberdade! Brilha aquela luz intensa pela qual se salva o mundo; E ainda que nos destruas, em ti confiaremos".

Em dezembro de 1886, fundou-se uma confederação sindical moderada que assumiu o lugar da Fotlu, a Federação Americana do Trabalho (American Federation of Labor, AFL) dirigida por Samuel Gompers. Ela não tardou a adotar a palavra de ordem da jornada de oito horas, em seu congresso de 1888, e a chamar a uma greve geral, em todo o país, no 1º de Maio de 1890.

A II Internacional, por ocasião de seu segundo congresso em Paris, em 1889, fez do 1º de Maio uma data mundial da luta pela redução da jornada de trabalho.

Eis o texto dessa decisão histórica:

> Este congresso decide que se organizará uma grande manifestação, com data fixa, de modo que, em todos os países e em todas as cidades ao mesmo tempo, no mesmo dia combinado, os trabalhadores intimem os poderes públicos a reduzir legalmente a oito horas a jornada de trabalho e a aplicar as outras resoluções do congresso. Considerando que uma manifestação semelhante já foi decidida para o dia 1º de maio de 1890 pela American Federation of Labor, em seu congresso de dezembro de 1888, realizado em Saint Louis, essa será a data adotada para a manifestação.

Essa luta se travou em torno da palavra de ordem dos "três oitos": oito horas de trabalho, oito horas de repouso e oito horas para se instruir e cultivar o corpo. Ou então, segundo um cartaz norte-americano da época, depois do trabalho e do repouso, oito horas eram reservadas ao "prazer". Cultivar o espírito e o corpo, para que cada qual neles encontre prazer: não estamos tão longe da definição de tempo livre de Marx, o precioso tempo livre portador das sementes do futuro emancipado...

Em 1890, pela primeira vez, operários entraram em luta simultaneamente em vinte países, impelidos pelo mesmo objetivo: as oito horas. O chamado do jovem Partido Socialista Operário Húngaro terminava com as seguintes palavras: "Com a jornada de oito horas, o operário deixa de ser um simples instrumento de trabalho para começar a se tornar um ser humano. Por tal meta, vale a pena lutar".

A preparação das greves e manifestações, que eram ilegais, criou um clima quase insurrecional. Em Viena, o governo finalmente autorizou o comício. Um cortejo gigante de 300 mil pessoas desfilou calmamente. Em Londres, cerca de meio milhão de manifestantes estavam na rua no domingo, 4 de maio. Houve comícios em Lisboa, em Bucareste, na Cidade do México, em Nova York e até mesmo em Cuba, ainda colônia espanhola.

Na França, a luta pelas oito horas começou imediatamente após a conferência socialista internacional em Paris. No dia 1º de maio de 1890, 100 mil trabalhadores se manifestaram nas ruas de Paris, vigiados por 30 mil militares. Paul Lafargue, na época um dos principais dirigentes socialistas franceses, convocou greves pelas oito horas. No ano seguinte, em 1º de maio de 1891, eclodiram várias greves; na cidadezinha de Fourmies, no Norte, onde estavam instaladas as fábricas têxteis, houve uma manifestação pacífica de operárias e operários com a palavra de ordem: "É das oito horas de que precisamos!". O chefe de polícia enviou a tropa, que atirou nos manifestantes desarmados. Balanço: 9 mortos, 35 feridos, na maioria moças de 16 a 20 anos de idade, assim como 2 crianças de 12 e 14 anos. A "fuzilaria de Fourmies" foi denunciada por Jaurès, por Lafargue e até por Clemenceau, então deputado do Var,* pertencente ao campo republicano, que viu no acontecimento uma rebelião do "Quarto Estado". Acusado de ser

---

* Estado francês (departamento) no Sul do país, na região de Provença-Alpes-Côte d'Azur. (N. T.)

o "instigador" da greve, Paul Lafargue foi condenado a um ano de reclusão, o que não o impediu de ser eleito deputado socialista no fim de 1891. O massacre de Fourmies se inscreveu na memória coletiva do movimento operário francês e é lembrado todo 1º de Maio.

A Confederação Geral do Trabalho (CGT), fundada pelos sindicalistas revolucionários em 1895, também teve participação importante na luta pelas oito horas. Organizou as grandes manifestações do 1º de Maio de 1906 em toda a França. A catástrofe mineira de Courrières, que deixou quase 1.100 mortos no dia 10 de março daquele ano, desencadeou uma greve de mineiros que durou seis semanas e cuja reivindicação era: "Oito francos, oito horas". Clemenceau, agora presidente do Conselho, mereceu o título de "primeiro tira da França" por ter enviado dezenas de milhares de soldados contra os mineiros do Norte.

Essa repressão não fez senão contribuir para dar uma nova amplitude às greves, que eclodiram com a aproximação do 1º de Maio. A CGT lançou a palavra de ordem: "A partir do 1º de Maio de 1906, não se trabalha mais que oito horas", *slogan* inscrito em uma faixa enorme pendurada na Bolsa do Trabalho. Prevendo esse 1º de Maio que se anunciava mais mobilizador que os precedentes, cerca de 60 mil homens alistados foram destacados para Paris. A repressão da manifestação causou dois mortos e numerosos feridos, seguiram-se centenas de prisões. Dirigentes sindicais da mina e da CGT foram encarcerados.

Apesar da tragédia de Haymarket, quinze anos antes, e da execução dos sindicalistas revolucionários, a luta pelas oito horas não cessou nos Estados Unidos. A Companhia Ocidental de Mineiros (Western Federation of Miners, WFM) foi uma das principais forças a encabeçar essa luta. Houve duas grandes greves de mineiros, uma no Colorado, em Cripple Creek (1903), e em Telluride (1905),

Dia 28 de abril de 1906, acampamento militar na Galeria das Máquinas (prédio construído para a Exposição Universal), em Paris, antecipando o 1º de Maio de 1906. Fotografia da imprensa, Agence Rol, conservada na BnF (Gallica).

duramente reprimidas: resultaram dezenas de mortos e centenas de feridos, mas os mineiros obtiveram vitórias. Os principais dirigentes da WFM, como Bill Haywood, figuraram entre os fundadores, em 1905, da Trabalhadores Industriais do Mundo (International Workers of the World, IWW), um movimento sindicalista revolucionário, partidário da ação direta e da greve geral. Ainda que fosse um movimento minoritário nos Estados Unidos, a IWW conseguiu organizar cerca de 200 mil trabalhadores, principalmente entre os temporários, os estrangeiros e as mulheres.

A luta pelas oito horas estava entre as prioridades da ação da IWW e constituía uma reação operária ao desemprego: "Se todos os que trabalham aproveitassem seu tempo e não trabalhassem tantas horas por dia [...], haveria trabalho suficiente para todos".

William Dudley Haywood, durante a greve da seda, em 1913 em Paterson, no centro da passeata. Fotografia da imprensa, Bain News Service, George Grantham Bain Collection (Library of Congress).

Em 1912 e 1913, a IWW liderou duas estrondosas greves com as operárias das fábricas têxteis de Lawrence (Massachusetts) e de Patterson (Nova Jersey). As principais reivindicações se relacionavam com os salários e as horas de trabalho. A greve de Lawrence tinha como palavra de ordem, logo tornada célebre, "Bread and Roses" [Pão e Rosas]. As operárias eram majoritariamente estrangeiras, de quarenta nacionalidades diferentes. Com o apoio da IWW, elas elegeram um comitê de greve "multinacional". O sindicato moderado AFL tentou sabotar a greve, sem sucesso. Os principais dirigentes da IWW, Bill Haywood e Elisabeth Gurley Flinn foram ajudar.

Juntos, apoiaram os dois dirigentes locais de origem italiana, o anarcossindicalista Joseph Ettori e o socialista Arturo Giovannitti. A IWW tomou uma iniciativa muito bem-sucedida: hospedar os filhos famintos das famílias grevistas na casa de famílias simpatizantes de Nova York e das cidades vizinhas. Ao partir, uma segunda caravana de crianças foi brutalmente parada pela polícia, que prendeu mães e filhos, suscitando uma onda de indignação no país. Finalmente, o patronato do setor têxtil foi obrigado a aceitar as principais reivindicações dos operários, a começar pela jornada de oito horas, sem redução dos salários.

Com exceção da Austrália, na véspera da Primeira Guerra Mundial, nos países industrializados, a duração da jornada de trabalho estabelecida por lei, quando esta existia, era de dez horas ou até mesmo de doze ou catorze horas, como na França (a redução da jornada legal se aplicava às mulheres e aos jovens).

A luta pela redução do tempo de trabalho não se limitou aos países mais industrializados, também se desenvolveu na periferia da Europa, na Grécia e (sobretudo) na Rússia, por exemplo. No contexto do esforço de guerra, em agosto de 1916, estourou nas minas de ferro da ilha de Sérifos, na Grécia, uma greve de mineiros organizada por militantes anarcossindicalistas, entre os quais Kostas Speras (1893-1943). As condições de trabalho eram atrozes: doze a catorze horas, sem segurança, com numerosos mortos nas galerias. Os grevistas exigiam a jornada de oito horas, melhores salários e garantias mínimas de segurança. O governo primeiro enviou as forças policiais; seu comandante começou por prender as lideranças da greve e matou três operários. A multidão de mineiros o rendeu e o jogou no mar. Os policiais foram desarmados; os prisioneiros, libertados, e o conselho operário tomou o controle da ilha e ocupou o porto. Algumas semanas depois, em setembro, o governo enviou uma fragata; a bordo, centenas de soldados que "restabeleceram a ordem". Mesmo assim, a empresa que explorava a mina aceitou as principais reivindicações dos grevistas, a começar pela jornada de oito horas.

Na Rússia, o combate pela redução da jornada de trabalho iniciou-se em 1896, na ocasião das greves de

São Petersburgo. Estas foram retomadas no ano seguinte, em 1897, quando se assistiu a uma primeira vitória, ainda que modesta: a duração máxima da jornada foi fixada em 11,5 horas, aplicável em toda a Rússia. No verão de 1903, eclodiu nas grandes cidades do Sul do país – Baku, Tiblissi, Batumi, Elisavetgrad, Odessa, Kiev, Mikolaiv, Ekaterinoslav – um grande movimento espontâneo de greves operárias, cujas reivindicações eram salariais e pela redução do tempo de trabalho. Tratava-se de greves maciças; as passeatas eram imponentes; as reuniões e os discursos se multiplicavam, bem como as prisões e os combates de rua. Segundo Rosa Luxemburgo (1871-1919) em seu livro *Grève de masse, parti et syndicats* [Greve de massa, partido e sindicatos] (1906), "mil conflitos econômicos parciais, mil incidentes 'fortuitos' convergiram, confluindo em um poderoso oceano; em algumas semanas todo o Sul do império tsarista se transformou em uma estranha república operária revolucionária". Aqui e ali, obtiveram-se vitórias parciais, inclusive a jornada de oito horas, mas infelizmente não houve um resultado geral. Rosa Luxemburgo cita os comentários do correspondente do jornal liberal *Osvobojdenié*:

> Abraços fraternos, gritos de entusiasmo e de arrebatamento, cantos de liberdade, risos alegres, gracejos e acessos de contentamento: era tamanho o espetáculo que ouvíamos naquela multidão de milhares de pessoas, que iam e vinham em toda a cidade, da manhã à noite. Reinava uma atmosfera de euforia; quase se podia acreditar que uma vida nova e melhor começava na terra.[1]

Essa mesma descrição se podia aplicar a muitos momentos dessa longa história da "guerra civil" pela redução

---

1 Luxemburgo, *Grève de masse, parti et syndicats*. In: *Œuvres I*, p.110.

da jornada de trabalho. As lutas emancipadoras, apesar das derrotas, das prisões, das vítimas, eram, durante algumas horas, dias ou semanas, momentos privilegiados na vida dos oprimidos, ocasiões festivas e alegres, erupções vulcânicas de liberdade, "interrupções messiânicas" na longa cadeia da dominação, diria Walter Benjamin.

Em janeiro de 1905, 140 mil operários entraram em greve em São Petersburgo. Os representantes dos grevistas, geralmente militantes socialistas, elaboraram uma carta proletária das liberdades cívicas, mencionando como primeira reivindicação a jornada de oito horas; foi levando essa carta que, em 22 de janeiro, 200 mil operários, liderados pelo padre Gapone, desfilaram em frente ao palácio do tsar, antes de serem massacrados pelas metralhadoras do autocrata.

Foi o começo da revolução de 1905, que chegou ao apogeu por ocasião das grandes greves dos meses de outubro e novembro. O soviete de São Petersburgo procurou instaurar a jornada de trabalho de oito horas obrigatória pelas greves e mobilizações. Os mencheviques consideraram a reivindicação prematura. Não era essa a opinião dos delegados do Conselho Operário. Rosa Luxemburgo conta o que aconteceu a seguir:

> Em outubro, verificou-se em São Petersburgo a experiência revolucionária da instauração da jornada de oito horas. O Conselho dos Delegados Operários decidiu introduzir, por métodos revolucionários, a jornada de oito horas. Foi assim que, em determinada data, todos os operários de São Petersburgo declararam aos seus patrões que se recusavam a trabalhar mais que oito horas por dia e saíram do local de trabalho na hora assim fixada. Essa ideia deu ocasião a uma intensa campanha de propaganda, foi acolhida e executada com entusiasmo pelo proletariado, que não fazia caso dos maiores sacrifícios.

[...] No espaço de uma semana, havia-se introduzido em todas as fábricas e oficinas de São Petersburgo a jornada de oito horas, e a alegria da classe operária não teve mais limites. No entanto, o patronato, inicialmente desamparado, não tardou a se preparar para a retaliação. Em toda parte, ameaçaram fechar as fábricas. Certo número de operários aceitou negociar, obtendo aqui a jornada de dez horas; ali, a de nove horas. Todavia, a elite do proletariado de São Petersburgo, os operários das grandes fábricas nacionais de metalurgia, manteve-se inabalável. Seguiu-se um *lockout*: 45 mil a 50 mil operários foram postos na rua durante um mês. Por isso, o movimento a favor da jornada de oito horas prosseguiu na greve geral de dezembro, desencadeada em grande parte pelo *lockout*.[2]

Apesar da derrota da revolução em dezembro de 1905, a redução do tempo de trabalho foi de fato conquistada nas principais regiões do império tsarista.

Uma vez mais, segundo Rosa Luxemburgo:

> Atualmente, a Rússia está à frente no que diz respeito à duração real do trabalho, não só na legislação russa, que prevê uma jornada de trabalho de onze horas e meia, como nas condições reais do trabalho na Alemanha. Na maioria dos ramos da grande indústria russa, hoje se pratica a jornada de oito horas, que constitui, mesmo aos olhos da social-democracia alemã, um objetivo inalcançável.[3]

Durante os anos de refluxo, de 1906 a 1916, os patrões sabotaram essas conquistas operárias; mas a redução da jornada de trabalho estava novamente na ordem do dia em 1917.

---

2 Ibid., p.124.
3 Ibid.

Além da Europa e dos Estados Unidos, em todo o mundo, durante os primeiros decênios do século XX, se desenvolviam as greves e manifestações pela jornada de oito horas.

Rosa Luxemburgo, sem data.

Por exemplo, em julho de 1917, na cidade de São Paulo, no Brasil, houve uma verdadeira greve geral liderada por militantes anarcossindicalistas. Em junho desse ano, eclodiram greves em várias fábricas da cidade, nas quais trabalhava um proletariado superexplorado, geralmente de origem estrangeira (italiana, espanhola), inclusive grande número de mulheres e crianças. O assassinato, pela polícia, de um jovem sapateiro espanhol e anarquista, Antonio I. Martínez, no dia 9 de julho, acabou pondo, de vez, fogo à pólvora. Dias depois, a cidade estava paralisada. As greves, rebeliões, pilhagens, barricadas e manifestações se multiplicaram espontaneamente, enquanto um Comitê de Defesa Proletária (CDP), composto de sindicalistas anarquistas e socialistas, tomava a direção do movimento. Seu porta-voz era o anarquista Edgard Leuenroth (1881-1968).[4] O CDP estabeleceu uma lista de reivindicações, inclusive a jornada de oito horas, a semana de 48 horas, o direito de organização, a proibição do trabalho de crianças menores de 14 anos, o aumento dos salários, uma taxa de cinquenta por cento sobre as horas suplementares, a libertação dos militantes presos e a proibição da demissão dos grevistas. A greve se estendeu a outras cidades do país, especialmente Porto Alegre e Rio de Janeiro, apesar de com menos força. Em São Paulo, o CDP controlava a cidade, organizava a distribuição de leite e alimentos nos hospitais e dava aos veículos autorização para circular.

Depois de ter se recusado, de início, a negociar, o patronato foi obrigado a se sentar à mesa para conversar com os delegados grevistas. Algumas reivindicações foram acatadas – principalmente o aumento –, outras, como a jornada de oito horas, foram recusadas ou não aplicadas de fato. A greve geral de São Paulo continua sendo, na história do movimento sindical brasileiro, um exemplo singular do poder da classe operária em luta.

---

4 N. B. Tive oportunidade de conhecer e de estabelecer vínculos de amizade com Edgard Leuenroth no fim da década de 1950. (M. L.)

Fábrica Putiloff em São Petersburgo, 1914. Fotografia da imprensa, Agence Rol, BmF (Gallica).

A Revolução Russa de 1917 constitui um ponto de virada nessa longa história. Depois da insurreição de fevereiro daquele ano, constituíram-se comitês fabris em São Petersburgo e em outras cidades; sua primeira batalha, a campanha pela jornada de oito horas e o pagamento dos dias de greve que precederam a queda do tsar. O patronato resistiu, mas, depois da revolução de outubro, o governo bolchevique instaurou a jornada de oito horas e a semana de 48 horas. Esse fato criou o tão esperado precedente histórico, que não tardou a ter repercussões internacionais. Outubro de 1917 contribuiu, sem dúvida, para generalizar a luta pelas oito horas e para impor, quase por toda parte, a legalização da redução do tempo de trabalho. Quando das revoluções que derrubaram as monarquias na Europa Central em 1918-1919 – Alemanha, Áustria, Hungria –, a jornada de oito horas foi uma das primeiras conquistas dos trabalhadores. Na Itália, a situação foi mais contraditória: entre 1919 e 1920, os operários da indústria e os trabalhadores agrícolas fizeram greves maciças, semi-insurreicionais, de norte a sul do país. As duas principais reivindicações, muitas vezes impostas durante os conflitos locais, eram a jornada de oito horas e os contratos coletivos. Data dessa época uma célebre canção comunista sobre as oito horas, na qual os operários e as operárias se dirigem ironicamente aos patrões:

> Si otto ore vi sembran poche, provate voi a lavorar
> E troverete la differenza tra di lavorar e di comandar
> E noi faremo come la Rusia, chi no lavora non mangerà
> E squileremmo il campanello, falce e martello trionferà.*

O caso do Peru é interessante. Em junho de 1917, o movimento anarcossindicalista começou a organizar greves de trabalhadores e trabalhadoras agrícolas pelas oito horas. Uma manifestação de camponesas na cidade de Huacho foi reprimida com violência, duas dirigentes, Irene Salvador de Lino e Manuela Díaz Chaflojo, foram assassinadas pela polícia. Em dezembro de 1918, os operários e as operárias da indústria têxtil, em Lima, mobilizaram-se pela jornada de oito horas. O governo do presidente Paredes optou por reagir com veemência: suspensão das liberdades, repressão policial das manifestações, prisões de dirigentes. A resposta dos sindicalistas não se fez esperar: em janeiro de 1919, declararam a greve geral em todo o país, em especial na capital, Lima, que ficou paralisada por completo. Coagido e forçado pela mobilização de massa a ceder, o governo decretou, em 15 de janeiro de 1919, a jornada de trabalho de oito horas: assim, esse pequeno país periférico e subdesenvolvido da América Latina foi

---

* "Se oito horas lhes parecem pouco, ponham-se vocês a trabalhar/ E descobrirão a diferença entre mandar e trabalhar/ E faremos como a Rússia: quem não trabalhar não comerá/ E soaremos o sino, com a foice e o martelo a triunfar." (N. T.)

um dos primeiros do mundo – um pouco antes da França e muito antes dos Estados Unidos – a adotar uma legislação que estabelecia a jornada de oito horas!

A "guerra civil" entre o capital e o trabalho em torno da duração da jornada de trabalho tomou muitas vezes a forma de confronto violento. Um dos exemplos mais dramáticos foi o episódio conhecido como a "semana trágica" de janeiro de 1919 na Argentina. Em dezembro de 1918, militantes anarcossindicalistas da Federação Operária Regional da Argentina (Fora) organizaram uma greve em uma grande fábrica metalúrgica de Buenos Aires. Eles reclamavam a jornada de oito horas, aumento salarial e garantias de saúde. Uma investida da polícia, em 7 de janeiro, deixou quatro operários mortos estendidos na calçada. Uma greve geral tomou conta de Buenos Aires e várias grandes cidades. A corrente mais moderada da Fora foi obrigada a aderir ao movimento, e, no dia 9 de janeiro, uma multidão de cerca 200 mil pessoas levou ao cemitério os operários assassinados. A polícia voltou a atirar. Dessa vez, deixou aproximadamente cem mortos e centenas de feridos. Barricadas foram erguidas na cidade, igrejas e delegacias foram atacadas, arsenais foram tomados e houve uma tentativa de atear fogo à fábrica em que o conflito havia se originado. Em 11 de janeiro, o presidente, "radical", Irigoyen chamou o exército para "restabelecer a ordem". Aproveitando-se do apoio ou da "neutralidade" dos militares, bandos armado pré-fascistas, compostos de filhos das boas famílias, se constituíram, sob o nome Liga Patriótica Argentina, em um agrupamento comandado por um vice-almirante; esses bandos se dedicaram, na mais completa impunidade, a um verdadeiro *pogrom*, o único na história da América Latina, contra o Once, bairro judeu de Buenos Aires. Seus moradores foram acusados de serem agentes russos a serviço do bolchevismo. Sinagogas, sedes de sindicatos, redações de jornais operários, bibliotecas populares judaicas e cooperativas foram incendiadas. Balanço da "semana trágica": entre setecentos e mil mortos.

O governo teve de negociar. Concedeu aumentos salariais, a libertação de 2 mil presos, a não demissão dos grevistas e a jornada de nove horas. A de oito horas só seria obtida em 1929.

Na França, em 23 de abril de 1919, por proposta do governo Clemenceau, que temia uma greve geral, o Senado ratificou a lei das oito horas e tornou feriado o 1º de Maio daquele ano. O sindicalista revolucionário Pierre Monatte viu nessa decisão uma "repercussão da Revolução Russa que obrigava o governo a fazer concessões, a cogitar dar algumas satisfações à classe operária. Foi a Revolução Russa que nos deu esse presente". O governo procurou proibir as manifestações de 1º de Maio, pois as organizações operárias as mantiveram com o objetivo de exigir a aplicação efetiva e imediata das oito horas. Apesar da repressão, elas desfilaram em todo o país, que enfrentava mais de 2 mil greves. Eram 1,3 milhão de grevistas que estavam nas ruas naquele ano, 100 mil manifestantes só em Paris.[5]

Na metade da década de 1920, apareceu uma nova reivindicação, que também dizia respeito ao tempo livre dos trabalhadores. Tratava-se de uma exigência desconhecida na época de Marx: as *férias remuneradas*.

Em 1926, a CGT reivindicou, por ocasião de seu congresso, o princípio das férias remuneradas. Foi em 1936, no rescaldo da vitória do Front Populaire nas eleições legislativas e, sobretudo, das greves maciças de maio e junho por toda a França, que os trabalhadores obtiveram duas semanas de férias remuneradas. Foi também o momento

---

5 *Lutte Ouvrière*, fev. 2014.

Cartaz desenhado por Félix Doumencq para a campanha da Confederação Geral do Trabalho, em 1919: a lei sobre a jornada de oito horas acabava de ser votada e o sindicato exigia a sua aplicação.

histórico de um novo avanço na redução do tempo de trabalho, com a instauração da semana de quarenta horas.

A reivindicação da redução do tempo de trabalho esteve em geral ligada à do combate ao desemprego. Foi esse o ângulo de ataque escolhido por Leon Trótski quando formulou seu "Programa de transição" em 1938, visando reunir as maiores massas de trabalhadores em torno de reivindicações concretas que estavam, em última análise, em contradição com as bases do capitalismo.

Eis a seção do Programa que concerne às horas de trabalho:

> Sob o risco de entregar-se à degenerescência, o proletariado não pode tolerar a transformação de uma parte crescente dos operários em desempregados crônicos, em miseráveis que vivem das migalhas de uma sociedade em decomposição. O direito ao trabalho é o único direito sério que o operário tem em uma sociedade fundada sobre a exploração. Entretanto, esse direito lhe é roubado a todo instante. Contra o desemprego, tanto o "estrutural" quanto o "conjuntural", é hora de lançar, concomitantemente à palavra de ordem dos trabalhos públicos, também aquela da ESCALA MÓVEL DAS HORAS DE TRABALHO. Os sindicatos e as outras organizações de massa devem ligar aqueles que têm trabalho aos que não o têm pelos engajamentos mútuos da solidariedade. O trabalho disponível deve ser repartido entre todos os operários existentes, e essa repartição determinará a duração da semana de trabalho. O salário médio de cada operário continua sendo o mesmo que com a antiga semana de trabalho! O salário, com um mínimo rigorosamente garantido, segue o movimento dos preços. Nenhum outro programa pode ser aceito para o atual período de catástrofes.[6]

Essa reivindicação será encontrada com frequência, a título de "partilha do trabalho" – termo ambíguo e fonte

---

6 Trótski, *Programme de transition, ou l'agonie du capitalisme et les tâches de la IVe Internationale*, p.26-7.

de mal-entendidos –, no decurso das lutas do século XX. Seu único limite é não ser adequada a conjunturas de relativo pleno emprego.

***

Uma vez obtida a jornada de oito horas, a partir de 1939, na maior parte dos países, a reivindicação da redução do tempo de trabalho parece ter perdido a urgência; já não tem, há muito tempo, papel motor nas lutas operárias. Só no fim do século XX ocorreram novos combates e novos avanços nesse terreno. Perdeu-se muito tempo na caminhada rumo ao reino da liberdade.

Como explicar esse longo parêntese? Parecia que um teto de vidro impedia o avanço da mobilização pela redução do tempo de trabalho para além da jornada de oito horas. Acaso é culpa da burocracia sindical, do aparelho dos partidos socialistas e comunistas? Ou será que a maioria dos trabalhadores interiorizou as oito horas como jornada de trabalho "normal"? Em todo caso, a redução das horas de trabalho parece ter desaparecido do horizonte das mobilizações proletárias há várias décadas. Esse hiato surpreende ainda mais à medida que, durante todos esses anos, ocorreram duras lutas sociais e greves retumbantes.

Na França, logo depois da Libertação (1944-1947), tomaram-se numerosas medidas sociais graças à considerável influência dos sindicatos, da esquerda e em particular do Partido Comunista: nacionalização das grandes empresas e participação dos assalariados em sua gestão – comitês empresariais –, instauração da seguridade social, estatuto da função pública e inscrição do direito de greve no preâmbulo da Constituição. Mas nada a respeito da jornada de trabalho. Pior, a semana de quarenta horas deixou de ser aplicada nos anos do pós-guerra!

Foi preciso esperar a greve geral de maio de 1968 para obter quatro semanas de férias remuneradas e o *retorno progressivo* das quarenta horas semanais conquistadas em 1936.

Só em 1982, durante o curto período "social" do primeiro mandato presidencial de Mitterrand, que houve avanços – limitados –, com a semana de 39 horas e as cinco semanas de férias. Posteriormente, ainda foi preciso aguardar quase vinte anos (1998) para que se materializasse um novo progresso, com a Lei Aubry das 35 horas.

Algumas palavras sobre essa legislação: como recordam Michel Husson e Stéphanie Treillet em um artigo, a Lei Aubry "foi feita em condições socialmente insatisfatórias, mas seria absurdo rejeitá-la como 'antieconômica'. De fato, nas duas últimas décadas, todos os empregos líquidos criados no setor privado o foram a partir da mudança para as 35 horas".[7]

Se as 35 horas decepcionaram muitos trabalhadores, foi porque "as modalidades adotadas na época degradaram as condições de existência de grandes camadas do salariato", especialmente por causa da intensificação do trabalho e do congelamento dos salários. De resto, observam os autores do artigo:

> O diabo geralmente mora nos detalhes, e se poderiam citar outras modalidades que reduziram o impacto das 35 horas sobre o emprego e a não limitação do recurso às horas suplementares. Sabe-se que a direita, de volta ao poder, incapaz de se desfazer [da lei] das 35 horas, apesar de tudo consideradas uma conquista, se enfiou por essa brecha para contornar a própria noção de duração legal do trabalho.

---

7 Husson, Treillet, La Réduction du temps de travail, un combat central et d'actualité, *Contretemps*.

Infelizmente, a "esquerda" holandesa seguiu essencialmente o mesmo caminho. Housson e Treillet concluem que uma verdadeira redução do tempo de trabalho capaz de criar empregos "só poderia ser realizada sob o controle dos assalariados, cuja tarefa seria, além de verificar a realidade da criação de empregos, elaborar um plano de contratações que não fosse necessariamente o simples decalque da estrutura inicial dos postos de trabalho, mas que levasse em conta precisões efetivas, a penosidade relativa e a necessidade de reabsorver os empregos precários".[8]

Nessa perspectiva de "controle pelos de baixo", a redução do tempo de trabalho constitui o meio de criar empregos de forma maciça e de satisfazer as necessidades sociais sem passar por mais crescimento do PIB. Portanto, ela rompe com o produtivismo e a ideologia burguesa da "expansão".

***

Para concluir este capítulo, uma palavra sobre o tempo livre, o tempo do descanso e do prazer, segundo as palavras de um combatente pela redução da jornada de trabalho.

William Morris, artista, poeta, revolucionário marxista libertário, autor do romance utópico *Nouvelles de nulle part* [Notícias de lugar nenhum] (1890), escreveu, em um artigo de 1885, estas palavras que, um século e meio depois, permanecem atuais:

> O dogma quase teológico do trabalho como benefício para o trabalhador, sejam quais forem as circunstâncias, é hipócrita e falso; [...] o trabalho é bom quando está associado à esperança legítima do descanso e do prazer.

---

8 Ibid.

Tal como Marx, Morris reconhecia o "reino da necessidade", mas, como o autor de *O capital*, observava que, em uma sociedade emancipada da tirania do capital, "o trabalho necessário não ocupará mais do que uma pequena parte do dia (e) já não será uma carga". No resto do dia, o tempo livre será dedicado ao descanso e ao *prazer*, concretamente ao "prazer físico e mental, científico e artístico, social e individual [...] para nossa própria satisfação e a dos nossos próximos". Mas essa nova sociedade não se obterá "pacificamente": para instituí-la, será necessário um combate duro e incessante contra a "injustiça e a loucura" que reinam na civilização capitalista.[9]

---

9 William Morris, Travail utile e vaine besogne. In: *La Civilisation et le Travail*, p.48-50, 60-1. Esse artigo foi publicado no jornal da *Socialist League*, organização fundada por Morris, com o apoio de Friedrich Engels e de Eleanor Marx, filha caçula de Karl.

IV
A BATALHA EM TORNO DO TEMPO DE TRABALHO NO SÉCULO XXI

Na aurora do século XXI, depois que o século político aberto pela Revolução Russa de 1917 havia se encerrado em 1989, sepultado sobre os escombros do muro de Berlim, o reino da não liberdade pôde se desdobrar universalmente. Desvencilhado dos regimes burocratizados do Leste, que obstruíam seu domínio total, o capital soube aproveitar essa oportunidade para expandir seu reino nos quatro cantos do globo. Desde então, o roubo de tempo de trabalho em detrimento dos assalariados assumiu a amplitude de uma rapinagem mundial. É claro que essa cruzada de cronofagia encontrou, e ainda encontra, numerosas resistências no caminho. Valentes exércitos de Robin Hood de todos os tipos, que não desistiram de tirar dos ricos para dar aos pobres, estão em atividade aqui a acolá, vindos de algumas florestas de Sherwood que não capitularam, ou nas praças públicas das grandes cidades, subitamente saturadas de manifestantes enfurecidos. Sem embargo, apesar de seu entusiasmo, de sua coragem e de seu dinamismo, essas mobilizações não conseguiram impedir até agora a pilhagem do nosso tempo.

O reino do capital apoderou-se do mundo como jamais o fizera até então. No entanto, mesmo em posição privilegiada, o sistema continua sob a pressão de uma crise econômica endêmica que o corrói por dentro e o impele a querer vender por vender, a superproduzir e superacumular mercadorias que já não encontram compradores nem mercados solventes. Essa crise teve expressão espetacular quando do colapso financeiro de 2008, anunciado por um primeiro choque no verão de 2007. A máquina de lucro de repente viu-se sem combustível. Ora, em matéria de combustíveis rentáveis, a mão de obra humana continua sendo, para a economia de mercado, a jazida por excelência, a fonte mais prolífica de lucros, contanto que seja explorada ao máximo. A corrida do ouro pelo tempo ganhou mais força desde então, porque a mais-valia, em última instância, não é senão tempo de trabalho roubado daquelas e daqueles que, para viver, são obrigados a vender sua força de trabalho manual ou intelectual. Conscientes desse dado estrutural, os donos do tempo salarial decidiram desregular os relógios e empurrar os ponteiros do mostrador do trabalho a seu favor por todos os meios necessários, usurpando cada instante possível.

Quando se propôs comparar o pagamento dos trabalhadores com o genuíno valor acrescido que o *savoir-faire* deles conferia aos bens e serviços, Karl Marx revelou, já no século XIX, a extorsão da qual os assalariados eram vítimas no dia a dia: um desvio cotidiano da ordem de meia jornada de trabalho, em média, segundo ele. Em suma, a partir desse limiar diário, os proletários trabalhavam gratuitamente por conta dos capitalistas, que tratam de transformar esse trabalho excedente, esse trabalho gratuito, em mais-valia, em lucros e dividendos. Tal como no século XIX, quando das formulações de Marx, o capital não se contenta em extorquir tempo dos assalariados sobre os períodos de duração legal do tempo de trabalho, ou sobre os momentos de pausa. Ele também caça os minutos, as horas e os anos, tudo e mais alguma coisa.

Atualmente, essa ofensiva é generalizada. Estende-se a numerosos domínios, desde a banalização do trabalho dominical até a protelação, sem fim, da idade legal da aposentadoria. Atinge proporções tais que a tendência global à redução do tempo de trabalho, observada em todo o mundo há mais de um século e meio, passa a impressão de paulatinamente se reverter, muito embora aparentasse ser inelutável.

De fato, em mais de cem anos, os novos meios tecnológicos ligados à industrialização, e, depois, à hiperindustrialização (cibernética, robotização etc.), possibilitaram que se ganhasse tempo, em primeiro lugar nas operações da produção de bens e serviços. Além disso, o salário crescente da população marginalizou os independentes, que trabalhavam mais que os assalariados. O tempo de trabalho logicamente diminuiu nesse período. Como resultado de todos esses pontos, o fato estava lá, incontestável. Sob a coerção das mobilizações populares, o tempo de trabalho, na França, reduziu-se à metade nos últimos 150 anos – 3 mil horas anuais em 1830 contra 1.610 horas atualmente. Depois da Segunda Guerra Mundial, esse movimento teve até um ritmo regular, por volta de 1% ao ano. Segundo o Insee,* o tempo de trabalho caiu em média 25% nos últimos sessenta anos nos países desenvolvidos. Esse declínio se realizou em toda parte até meados do decênio de 1980. Depois, nitidamente se estabilizou. Não se trata, porém, de um fenômeno econômico mecânico, e o tempo de trabalho traduz, antes de mais nada, a expressão concreta da relação de força entre as classes sociais. As conquistas sociais impostas pelas lutas referentes à jornada

---

* Institut National de la Statistique et des Études Économiques (Instuto Nacional de Estatística e de Estudos Econômicos). (N. T.)

de oito horas, à aposentadoria ou às férias remuneradas tiveram, portanto, papel primordial nessa evolução. Ademais, é forçoso constatar que a diminuição da oferta de trabalho na França, durante várias décadas, assim como a progressão do tempo parcial, imposta principalmente às mulheres, contribuíram para essa inflexão.

A ponto de se reverter? Bloquear esse processo e encetar um contrapedal dessa natureza não é tarefa fácil, tendo em vista a amplitude do movimento em curso. Contudo, tal é a sinistra proeza que a economia de mercado tenta realizar hoje em dia. Ela regride o tempo de maneira desenfreada, tanto no Norte como no Sul, tanto no Oriente como no Ocidente. Nos países pobres ou em desenvolvimento, o retrocesso é visível a olho nu, já que as condições de trabalho do proletariado evocam as do mundo operário da Europa no século XIX: doze horas de trabalho por dia na Indonésia e nas Filipinas; catorze horas no Sri Lanka; dezesseis horas na China meridional, onde os operários trabalham até o esgotamento em muitas fábricas da indústria eletrônica etc. A esse respeito, o raro contraexemplo vem da Bolívia, um dos países mais pobres do mundo, onde o governo de Evo Morales instituiu recentemente a semana de 35 horas. Isso mostra que não há necessidade de esperar que um país seja rico, industrializado e informatizado para começar a reduzir a jornada de trabalho.

O globo está repleto de zonas francas e de *maquiladoras*. As oficinas gigantes de fabricação e de subcontratação da mundialização capitalista são zonas de não direito que se contam aos milhares. Lá, trabalham milhões de mãozinhas necessitadas e, no anonimato e na miséria, garantem o sucesso das grandes marcas ocidentais. Os trabalhadores, muitas vezes trabalhadoras, se empenham incansavelmente na tarefa, nas linhas de montagem ou em oficinas sórdidas. Por razões de "conveniência", a mão de obra geralmente reside no local de trabalho, sem dia de descanso, nem férias, nem mesmo licença-maternidade para as grávidas. Lá, o trabalho infantil é comum, como no século XIX: menores, entre 6 e 14 anos de idade, trabalham 64 horas por semana nas fábricas têxteis de Bangladesh, ao passo que, na China, um garoto de 13 anos pode trabalhar até dezesseis horas por dia a 70 centavos de dólar por hora, tudo para que a tela dos nossos celulares nos mantenha informados sobre o que acontece no mundo. Ou quase.

O movimento operário europeu não fecha os olhos, mas passa tanto tempo olhando para o próprio umbigo que já esqueceu o internacionalismo, que lhe permitiria compreender que a classe operária que morre além das nossas fronteiras também é nossa, e que, para ela, a questão do tempo de trabalho é vital no sentido literal da palavra. Além do mais, esse problema também vem progressivamente nos atingindo no Norte, pois o capital já não se contenta com a reserva de mão de obra barata que o Sul lhe fornece, por mais abundante que seja. Motivo pelo qual, aqui, já há vinte anos, as políticas liberais cantam para nós, sem se cansar, o hino do "trabalhar mais para ganhar mais!" e, fazendo entoar essa melodia para a classe política, conseguiram tomar de volta quantidades incontáveis do nosso tempo: o prolongamento da duração do trabalho cotidiano e semanal; o adiamento, em muitos anos de idade, da aposentadoria; a banalização do trabalho noturno; a generalização do trabalho aos domingos, transformando, aos poucos, a atividade dominical em regra, posto que essa "exceção" já atinge um em três assalariados. Embora na França tenha sido necessário aguardar o ano de 1909 para que uma lei enfim registrasse as oito horas como a jornada legal do trabalho cotidiano, como resultado de numerosos dramas trabalhistas e de intensas mobilizações sociais, leis recentes permitem prolongá-la até doze horas. Tudo em nome do progresso.

Os comunicadores que cercam o poder não hesitam em fazer malabarismos com os oximoros e se entendem para mascarar um grande salto social rumo ao passado como uma promessa extraordinária rumo ao futuro. Como um eco longínquo dos *slogans* do sinistro Ministério da Propaganda do romance de George Orwell, *1984*, proclamam: "A guerra é paz; liberdade é escravidão; a ignorância é a força", a adaptação patronal do *slogan* "Trabalho é saúde!" em um *loop* sobre as ondas. Os *teleprompters* da televisão mostram essa ideia o dia todo, e os editores avisados a decodificam. Os trabalhadores já não seriam burros de carga, e sim "atores da vida empresarial"; os progressos tecnológicos e os avanços da medicina permitiriam trabalhar cinquenta horas por semana segundo os cálculos de alguns "especialistas" inteligentes, e os aposentados não parariam de não envelhecer, tanto que todos nós teríamos a promessa de uma vida centenária. Não obstante, na opinião de todos, o mal-estar no trabalho e os sofrimentos profissionais são o grande flagelo do século XIX. O trabalho mata: todo ano, na França, 500 pessoas morrem em acidentes no local de trabalho; 1 pessoa por dia se suicida por causa do trabalho. O trabalho noturno multiplica os riscos de câncer: 19% de risco a mais nas mulheres segundo a revista *Cancer Epidemiology, Biomarkers & Prevention*. O não trabalho também mata: segundo um estudo do Inserm,* de 2015, mais de 10 mil óbitos por ano estariam vinculados ao desemprego, devido à depressão, ao isolamento, ao suicídio e a doenças que essa situação pode suscitar. A expectativa de vida com boa saúde declina, passando, entre 2008 e 2010, de 62,7 anos para 61,9, no caso dos homens, e de 64,6 anos para 63,5 no das

---

* Institut National de la Santé et de la Recherche Médicale (Instituto Nacional da Saúde e da Pesquisa Médica). (N. T.)

mulheres. Enfim, a esperança de vida ao nascer, ou seja, a esperança de vida no sentido estrito, também vem diminuindo na França: 0,3 ano para os homens e 0,4 para as mulheres, entre 2014 e 2015, algo nunca visto desde 1960. Entretanto, esses sinais de alarme social não perturbam a argumentação da classe dominante, que insiste em alegar que uma vida de labor prolongado nos preservará do pior.

Assim se inverte, silenciosamente, a tendência universal à redução do tempo de trabalho. Essa captura do tempo "perdido" pelo capital se faz acompanhar, de bônus, pela intensificação do processo de alienação, que toma forma dentro dos limites dos locais de trabalho e prossegue muito além de suas paredes. Como se a alienação salarial não "abandonasse" os trabalhadores, mesmo fora da empresa, aderindo cada vez mais à sua pele. Ao sair do posto de trabalho, o empregado "responsável" leva consigo sua carga da função e empenha-se em sua exploração já imaginando uma maneira mais eficiente de explorar a si mesmo no dia seguinte. Em tal estágio, a fronteira entre o tempo livre e o tempo alienado derrete como a neve ao sol. Essa evolução se imiscui sorrateiramente nas profundezas de cada trabalhador: revolve o terreno antropológico, modificando a relação do homem com seu ambiente econômico e social, bem como com a medição do tempo. O trabalhador perde a vida querendo ganhá-la.

Em tal situação, os caminhos da emancipação e da liberdade dificilmente conseguirão contornar esse inimigo todo-poderoso. No reino da não liberdade, a solução não reside no "fim do trabalho", nem na fuga individual. Fuga individual é acreditar que a emancipação começa onde o assalariado individual termina, mesmo no quadro de uma sociedade capitalista sustentada. Ora, se a abolição do assalariado é uma das condições necessárias para solapar as fundações do regime do capital, ela somente o é a título de uma transformação coletiva em proveito de uma nova ordem social que beneficie cada um de nós, fundada numa relação de trabalho livre de alinhamento e de exploração. Na ausência de semelhante reviravolta nas regras do jogo, a evasão pessoal não se pode estender a todos e equivale, na prática, a generalizar a precariedade emprestando a esse estatuto uma dimensão que ele não tem. Porque a autonomia profissional ou a emancipação individual do patronato não cresce mais na fila de espera de uma agência de trabalho temporário do que em uma oficina de fábrica. O "fim do trabalho" defende o discurso segundo o qual o desenvolvimento da automatização e da informática suprimirá o emprego e, assim, tornará o desemprego inevitável. Ora, converter-se a essa hipótese ideológica é deixar a raposa cuidar do galinheiro. Mesmo quando se imagina encontrar matéria política de solidariedade, ao se elogiar, por exemplo, os méritos da renda básica universal – "como agora o pleno emprego é impossível, o Estado que garanta uma renda mínima a todos". Essa inclinação coloca o movimento operário em um terreno minado, sob o risco de o diagnóstico se voltar contra a proposição tal qual um bumerangue mau-caráter. Pois essa análise transforma uma profecia liberal em horizonte intransponível, no qual não só o direito ao emprego desapareceu dos radares como o próprio tempo liberado da alienação é trocado pelo direito a uma autorização que intermedeie um pagamento que se anuncia irrisório desde o começo. Ora, nós reivindicamos a liberdade real, não uma liberdade condicional, sujeita à vigilância do patronato e à dependência financeira do Estado. A alienação estatal não é a alternativa à alienação salarial. No fundo, elas são idênticas. Reivindicar que a sociedade garanta a todos e a todas uma proteção social universal contra os truques sujos do capitalismo é legítimo. Exigir um valor que fomente a autonomia e os estudos de todos os jovens com menos de 25 anos, a fim de lhes permitir concentrar-se em sua formação, sem ser obrigados a trabalhar para financiar seus estudos, é questão de justiça social. Cobrar uma lei que proíba as demissões e, portanto, um novo ramo da seguridade social, que garanta a cada assalariado demitido a manutenção de seu salário e sua qualificação em caso de fechamento de empresas, graças a um fundo coletivo sobre os lucros das maiores empresas, é ato de salubridade pública. Defender o estado de intermitência para as atividades de entretenimento, do teatro ou do cinema, propondo sua ampliação a outras profissões, é igualmente legítimo.

Sem embargo, não é necessário passar para o outro lado do espelho, caindo na armadilha que consiste em opor as conquistas sociais entre si, particularmente a do direito ao emprego e ao tempo livre. Por que oferecer semelhante caução social a uma análise liberal errada? O que prova, por exemplo, que um em cada dois empregos será efetivamente automatizado nos dois próximos decênios, como afirmam os defensores do fim do trabalho? Em um artigo intitulado "Le Monde merveilleux du revenu universel"[1] [O maravilhoso mundo da renda universal], Michel Husson nos previne contra esses prognósticos peremptórios. E nos lembra que, na verdade, os ganhos de produtividade tendem a estagnar, até mesmo a diminuir nos países desenvolvidos ou em desenvolvimento. Impor uma renda realmente decente, isto é, diferente da esmola, requer relação de força contra a classe capitalista pelo menos tão elevada quanto a obtenção de uma repartição igualitária do tempo de trabalho entre todos. A crise econômica é demasiado aguçada para que a classe dominante se permita zonas de terra de ninguém na guerra que a opõe ao trabalho. Portanto, o menor avanço social é vivido

---

[1] Husson, Le Monde merveilleux du revenu universel, *À l'Encontre*, 22 dez. 2016.

como um atentado insuportável à taxa de margem sobre os lucros. Seja ela contada em tempo ou em dinheiro.

Mesmo querendo melhorar concretamente a situação da imensa maioria, mais vale não fragmentar os nossos direitos e tornar a hastear, alta e forte, a bandeira da reparação das riquezas e do tempo de trabalho. A redução do tempo de trabalho merece ser exumada de suas cinzas e orgulhosamente reabilitada no seio do movimento operário, mesmo que sua aplicação à redução, durante a Lei Aubry de 2002, efetuada em detrimento das contratações e dos salários, tenha deixado na memória dos trabalhadores uma lembrança tão ruim que quase desacreditou a ideia daquela redução. Recentemente, em janeiro de 2018, o sindicato alemão IG Metall lançou uma campanha pela semana de trabalho de 28 horas. Mesmo que não esteja livre dos erros da Lei Aubry, essa proposta pelo menos tem o mérito de recolocar francamente a questão na ordem do dia.

Porque, nos momentos de desemprego em massa, a redução da jornada segue sendo de uma atualidade ardente, nem que seja a título da repartição do tempo de trabalho entre todos. A doxa dominante solta gritos estridentes quando alguém pronuncia as palavras redução do tempo de trabalho, e segue apresentando, sem que a mídia a contradiga, sua lógica implacável, que equivale a impor àqueles e àquelas que têm de trabalhar mais tempo, mais depressa, recebendo pouco, justamente no momento em que milhões de pessoas estão procurando emprego. Se é necessário aumentar a atividade, por que colocá-la nos mesmos ombros? Por que não repartir o tempo de trabalho entre todos e todas, reduzindo-o maciçamente no interior das empresas, para que aqueles que estão de fora possam enfim se beneficiar de um emprego? Apoiando-se em números oficiais, Michel Husson sugere uma equação que merece reflexão:

Na França, a produção total demandou 40,2 bilhões de horas de trabalho em 2014. O número de pessoas empregadas nessa produção foi 27,7 milhões, ou seja, uma duração anual do trabalho igual a 1.452 horas de trabalho [...]. Mas também se pode relacionar esse volume de trabalho com a população ativa, quer dizer, com o conjunto de pessoas empregadas ou desempregadas, que se elevou a 30,7 milhões de pessoas, ou seja, 27,7 milhões empregadas e 3 milhões desempregadas. A partir desses dados oficiais, pode-se então calcular a "duração do trabalho de pleno emprego", que seria, pois, de 1.309 horas por ano.[2]

Ou uma redução do tempo de trabalho da ordem 10%, que "suprimiria o desemprego na França", como foi demonstrado. Além disso, é de conhecimento público que os recenseamentos autorizados subestimam o número real de desempregados. Quando se acrescenta o conjunto das categorias existentes no centro de empregos, A, B, C, D e E, assim como os departamentos e territórios franceses de ultramar, sem esquecer os suprimidos de todo tipo, o verdadeiro número do desemprego na França fica mais próximo dos 6 milhões do que dos 3 milhões. De modo que uma repartição autêntica do tempo de trabalho necessitaria de uma redução do tempo de trabalho evidentemente superior a 10%. Desse ponto de vista, o "número justo" do tempo de trabalho situa-se no limite que garante a cada um o direito ao emprego, mesmo correndo o risco de indexá-lo regularmente em função do número de desempregados, conforme o princípio de uma escala móvel do tempo de trabalho. Coisa que pressupõe uma redução do tempo de trabalho sem perda de salário, sem anualização, com as contratações correspondentes.

---

2 Id., Pourquoi et comment réduire le temps de travail, *Contretemps*,.

De resto, a redução do tempo de trabalho não é apenas uma maneira contábil de combater o desemprego, é também o esboço estratégico de outra sociedade. Na verdade, se se pretende compensar o roubo da ordem da metade da jornada de trabalho em média, cometido pelo capitalismo em detrimento de cada assalariado, antes de embolsar tudo em forma de mais-valia, a nova sociedade terá de permitir que todos trabalhem aproximadamente a metade a menos para que os produtores não trabalhem para mais ninguém a não ser para si mesmos.

A redução do tempo de trabalho é diferente de uma longa pausa no trabalho. É um convite ao florescimento global, aqui e agora. Porque o reino da liberdade começa efetivamente onde termina o tempo de alienação capitalista. Então, em primeiríssimo lugar, cessa a alienação pelo trabalho assalariado. A redução do tempo de trabalho é a ocasião de repensar o trabalho enquanto tal. Potencialmente, ela libera tempo no próprio local de trabalho, dando aos trabalhadores a possibilidade material de se harmonizar e, portanto, de potencialmente recuperar o controle de suas atividades. As cadências infernais, o tempo do relógio, as horas extenuantes que se acumulam também são obstáculos que nos impedem de pensar no que fazemos, por quê, como e com quem. O embrutecimento cotidiano por um domínio do tempo que nos escapa é uma estratégia que é parte integrante do ato de dominação. Privados desse controle, avançamos às cegas, como os "homens fragmentados, despojados e escravizados" de que fala Marx ao evocar a situação do trabalho assalariado. O indivíduo constantemente sugado pelo trabalho torna-se prisioneiro de sua tarefa. O trabalho o possui e o despossa dos meios de produção aos quais, no entanto, ele dá origem. O assalariado se torna "estrangeiro" para sua realização. A divisão social do trabalho ou a separação das tarefas manuais e intelectuais supõem que os trabalhadores estejam pregados pelos ponteiros do tempo assalariado. Nesse estágio, a redução do tempo de trabalho desaliena no sentido de que oferece aos trabalhadores a possibilidade material de dominar seu trabalho e de decidir os desafios do processo de produção e de fabricação dos quais eles participam. "O homem completo" evocado por Marx, em oposição ao homem "fragmentado", ganha vida a partir de cada fração de tempo tirado do ciclo da exploração. O tempo liberado permite ao indivíduo realizar-se em uma multiplicidade de domínios que as coerções horárias e sua relação exclusiva com o trabalho tornam inalcançáveis. O lazer, as viagens, as leituras, as atividades artísticas, como espectadores ou atores, o descanso, o esporte, a participação na gestão econômica e política, a convivialidade, uma infinidade de projetos íntimos torna-se efetiva e, então, recupera a outra realidade do tempo cotidiano. A partir daí, a plenitude individual deixa de ser uma palavra vã para se converter em uma possibilidade prática. Cabe a cada um definir um sentido singular para sua vida e pensar a própria existência mediante uma relação livremente refletida com os outros, com os conhecimentos, com a natureza e com o mundo.

Em uma sociedade liberta das servidões geradas pelo trabalho assalariado, os indivíduos decidirão ter diversas ocupações no decurso da vida ou não as ter, desfrutando de períodos sabáticos. Este direito difere do "direito à preguiça", compreendido como uma rigorosa manifestação individualista e isolada, na medida em que também se torna compartilhável, nos mesmos termos que o trabalho. Assim proposta, essa oportunidade comum se desenvolve então em consciência no quadro das deliberações coletivas, a fim de proteger a comunidade da fratura que oporia os que trabalham aos que "preguiçam". Tanto mais que o reino da liberdade apelará, como toda organização social, para a atividade de seus membros, com a diferença de que estes só serão mobilizados para trabalhos necessários à sociedade e compatíveis com os recursos naturais disponíveis. *Le Père Peinard** resumiu essa sociedade do futuro por uma fórmula matizada com sua lendária zombaria popular e anarquista: "Como no passado, os trabalhos continuarão a ser feitos pelos operários da corporação, com a diferença de que seu trabalho será de verdadeira utilidade, e os lucros serão deles, ao mesmo tempo que dos outros".[3] Na "sociedade do futuro", como a denomina o panfletário, o trabalho será efetiva e profundamente alterado, pois estará livre tanto da servidão salarial quanto do manto de chumbo da burocracia.

Neste sentido, a redução do tempo de trabalho funcionará como chave para adentrar uma emancipação generalizada, muito além do umbral da empresa. Pois, dispondo de mais tempo, teremos a possibilidade de decidir e arbitrar as escolhas que afetam nossas condições de trabalho e nossas condições de vida. Ora, quem decide geralmente é quem possui. Se a humanidade, então dona do tempo, for colocada em situação de estabelecer o orçamento coletivo de suas necessidades a fim de fixar, antecipadamente, a produção esperada à altura do estritamente necessário, para respeitar as condições de seu ambiente, o suporte lógico da economia de mercado não tardará a ser pirateado. Pois esta é formatada para produzir primeiro e antes de tudo, e só depois pensar na atribuição dos recursos, segundo a lógica caótica da oferta e da demanda, gerando assim desperdício, superprodução, miséria, bem como danos ambientais irreparáveis. A redução drástica do tempo de trabalho é uma condição *sine qua non* de uma deliberação coletiva permanente que permita debater a demanda social em função dos desafios ecológicos, em termos

---

* Semanário anarquista fundado por Émile Pouget em 1889. (N. T.)
3 *Le Père Peinard*, Faramineuse Consultation sur l'Avenir, 1896.

de esgotamento dos recursos naturais e notadamente do aquecimento global. Ela mantém aberta para a humanidade a possibilidade de pensar uma relação harmoniosa com o universo natural que a cerca. Preside o tempo de uma planificação ecossocialista e democrática da economia. Pois a redução do tempo de trabalho também implica uma ruptura com o modelo produtivista e consumista em todas as suas formas. É contraditória com a alienação mercante que domina não só a economia como também toda a sociedade. É o grão de areia que trava as engrenagens do hipnotizante ciclo *Métro-boulot-dodo*.* Dá-nos a possibilidade de romper a dualidade produtor/consumidor que duplica os indivíduos no seio do sistema capitalista e de recuperar nossa unidade e nossa coerência. Porque o homem tem necessidade de tempo para se "completar". E as mulheres, de tempo autenticamente livre e compartilhado para se realizar. A dimensão feminista da redução do tempo de trabalho é essencial, pois a ofensiva liberal que obriga os assalariados a trabalharem mais tempo mascara a amplitude desse movimento ao reduzir, agora à força, o tempo de trabalho de uma parte deles, mais precisamente delas. Oitenta por cento das vagas de meio período são ocupados por mulheres, e na maior parte das vezes são impostas. A tal ponto que quase um terço das mulheres, 31%, trabalham em jornada parcial na França. Ora, como dizem Michel Husson e Stéphanie Treillet: "O tempo parcial reforça as normas desiguais de divisão das tarefas domésticas e parentais, e a visão social do salário das mulheres como salário extra. Estudos sociológicos mostram que a passagem das mulheres ao regime de meio período faz recuar

---

* *"Métro-boulot-dodo"* (lit. "metrô, trabalho, sono"): expressão tirada de um poema de Pierre Béarn e publicada na coletânea *Couleurs d'usine* (1951) para designar a rotina do trabalhador parisiense ou de qualquer outra cidade grande. (N. T.)

a (já minguada) participação dos homens nas tarefas domésticas".[4] De que vale a emancipação dos proletários se as "proletárias dos proletários", as mulheres, continuam presas a uma ordem patriarcal?

No fim, a redução do tempo de trabalho é um meio concreto e poderoso de construir um tipo de organização social radicalmente diferente. Uma sociedade que não nos condene a ser homens e mulheres "pressionados", e sim indivíduos que disponham de tempo para florescer, refletir sobre a marcha do mundo, bem como sobre os meios pelos quais este nos sobreviverá, enquanto cuidamos dos nossos, dos mais jovens aos mais velhos. Um mundo do ser, não do ter. Em suma, um universo em que a palavra solidariedade não desapareça na ampulheta do tempo.

---

4 Husson, Treillet, La réduction du temps de travail: un combat d'actualité, *Contretemps*.

V
Isegoria
(FÁBULA)

"Companheiro, acorde, estamos na última estação!" Fato raro nesses lugares, o homem lhe murmurou ao ouvido como se tivesse o cuidado de tirá-lo com delicadeza dos sonhos. Ele entreabriu um olho, seus lábios não conseguiram agradecer ao bom samaritano que o havia poupado de um ir e vir não programado. Observou-o por um breve instante e considerou que o sujeito estava vestido de modo estranho. Que tipo de moda teria inspirado semelhantes trajes? Um conjunto cuidadosamente incompatível, francamente inimitável. O anjo da guarda deve ter-lhe adivinhado os pensamentos, pois disparou: "Gostou da minha roupa? Estou chegando da cooperativa de criação e fabricação, onde dediquei muito tempo a desenhá-la antes de confeccioná-la. Os companheiros me ajudaram e, para ser sincero, estou bastante satisfeito. Vamos, levante-se antes que a condução parta para o armazém, e apresse-se, pois é tarde. Espero que você não more muito longe!". Satisfeito com sua boa ação, o aspirante a estilista se afastou e desapareceu.

Ele se levantou com esforço e, ligeiramente titubeante, desceu da composição. O vagão lhe pareceu confortável, bem mantido, e o cheiro, mais agradável que de costume. Nenhum bater de portas nem outros barulhos de rodas nos trilhos lhe agrediram os tímpanos; teve a impressão de distinguir o discreto som de uma música ambiente enquanto o trem entrava no túnel. Mas onde, diabos, se encontrava? O nome da estação tinha sido caligrafado com graça. A placa estava ornada com uma inscrição de fins pedagógicos que ele não se deu o trabalho de ler, tinha uma correspondência para entregar antes de chegar a seu longínquo subúrbio, depois ainda precisaria tomar o ônibus, se é que ainda havia algum àquela hora da noite. Tirou o celular do bolso: sem sinal. O painel de informações o inteirou da hora: meia-noite e quarenta e cinco, ou seja, tarde demais, fazia tempo que o último trem havia partido. Falta de sorte. Contraiu o rosto ante a perspectiva de fazer mais uma viagem improvisada na capital.

Como pudera dormir tanto tempo? No entanto, era capaz de jurar que havia entrado no metrô por volta das 11 horas da noite, logo depois de ter saído da assembleia geral cotidiana do movimento social que, havia semanas, paralisava a capital contra o decreto governamental que previa o cancelamento da noção de duração legal do trabalho. Os debates tinham sido apaixonados, mas extenuantes: longas horas a refletir sobre a questão do trabalho em uma sala lotada, na qual mal se podia respirar. Certas negociações tinham sido animadíssimas – principalmente entre uns intermitentes do espetáculo e um grupo de sindicalistas cuja fábrica tinha fechado as portas recentemente –, antes de passar para o diálogo de surdos. A discussão se arrastara. Ele avaliava que cada grupo tinha um pouco de razão. Reconhecia que uma empresa despedir um empregado que lhe havia dado tudo durante anos, sua força, seu tempo, era uma grande violência. O direito ao trabalho era inalienável e isso era o que ele queria defender. Sendo interino, também via com bons olhos a intermitência, e não exclusivamente no domínio do espetáculo. O trabalho em período integral certamente não era um fim em si e, de resto, lhe parecia justo o adágio segundo o qual "não vale a pena perder a vida para ganhá-la". Ainda assim, naquela noite as palavras dos militantes literalmente o esgotaram, tanto mais que eles não perdiam o lamentável hábito de dissecar o menor dos detalhes, chegando a esmiuçar até as vírgulas. Embora não fosse militante, ele concordava com as ideias advogadas pelo movimento social, do qual participava fazia três meses. Ia a todas as manifestações, passeatas, ações e ocupações. Suas noites bastante encurtadas explicavam a frequente sonolência que o acometia no metrô e suas perambulações pelas ruas escuras de Paris. Pois, por mais que ele o lamentasse, a luta se concentrava na capital, sendo o bulevar periférico a eterna fronteira a separar o centro de seu subúrbio.

Tomou o rumo da saída, mas sem energia. Uma sensação desagradável o flagelava como se sua percepção lhe estivesse pregando peças. Os pontos de referência lhe faltavam, os sentidos o alertavam para a presença de elementos inusuais que seu olho, porém, penava para identificar naquele ambiente familiar. Seriam os quadros, afrescos e pinturas murais que enfeitavam o corredor? Reparou que já não havia nenhum *outdoor* ou cartaz publicitário nas paredes. Os poucos notívagos com que cruzava no caminho também chamavam a atenção pela aparência. Vestidos estranhamente, cumprimentavam-se sorridentes. Ele esfregou os olhos já avermelhados pelo cansaço, não tinha bebido nem fumado nada, seria possível que ainda estivesse sonhando? Sua cabeça dolorida estava a ponto de explodir. Tentou se acalmar. Assim que saísse, em contato com o ar fresco, se recuperaria. Então entraria no hotel mais próximo da estação para descansar um pouco, mesmo que tivesse de gastar dinheiro.

Infelizmente, o ar sufocante que o recebeu fora da estação acentuou ainda mais sua dor de cabeça. Ele mal distinguia as silhuetas que passavam, discutiam e riam a seu redor. Por outro lado, havia muito menos carros que de costume. Apertou o passo em direção ao primeiro letreiro de hotel. Estava mais do que na hora de dormir, veria tudo mais claramente no dia seguinte.

Empurrou uma pesada porta de vidro. O homem na recepção abandonou imediatamente sua leitura e se dirigiu a ele num tom amigável: "Olá, companheiro, sou eu que estou de plantão esta noite, você precisa de um quarto?". Esse aí devia frequentar as mesmas lojas que o estilista do metrô. Aquele conjunto não se parecia com nada conhecido, uma mistura harmoniosa de cores singulares, tudo finamente cortado e feito sob medida. Um estilo original, sem ser excêntrico. Ele deslizou o olhar até os pés do recepcionista. Era louco por tênis, um singelo pecadilho que nele despertava um derradeiro reflexo consumista – assumido diante da intransigência dos ativistas do "Nada de grife!". O tecido antracite era ao mesmo tempo robusto e elástico; o traço, esbelto; as solas, elegantes e confortáveis. Nenhuma marca visível. Ele, que era imbatível nesse campo, surpreendeu-se ao não reconhecer aquele modelo que até destoava de tão personalizado que era. "Gostou? São o meu maior orgulho, passei dias confeccionando-os na cooperativa." Ele balançou levemente a cabeça; aquela noite estava decididamente sob o signo dos encontros improváveis. Seu anfitrião o puxou: "Ainda tenho um quarto no segundo andar, venha".

Quando a porta se abriu para o vasto cômodo, um transtorno o invadiu. Decorado com conforto e gosto, dotado de um tapete espesso e de uma cama grande e quadrada, de uma estante repleta de obras encadernadas e de um leitor de música de alta tecnologia, o quarto ostentava um alto padrão. Seu mal-estar aumentou. Devia ser caríssimo. Como expor o problema a seu anfitrião sem se passar pelo pobretão que era? Violentando-se, confessou sua situação; o empregado soltou uma longa gargalhada de louco. "O preço, que preço? Mas de onde foi que você saiu? Com seu visual deliciosamente antiquado, eu me pergunto de que país você é, companheiro viajante, em todo caso, de espantosamente longe! O meu bisavô foi a última pessoa que me falou do tempo em que se pagava hotel. Será que você está chegando do passado?!", disse ele com uma piscadela. "Não, não precisa pagar nada, em compensação, amanhã cedo você arruma tudo, limpe rapidamente, o material fica guardado aqui, e leve os lençóis e as toalhas que usou ao subsolo, onde ficam as máquinas de lavar. Venha, vou mostrar o banheiro comum. Nós acabamos de adaptar as acomodações da vizinhança às normas da Assembleia Mundial pelo Compartilhamento da Água. Racionamos, racionalizamos, como você sabe, enfim, se é que a informação chegou lá de onde você vem!", riu-se ele de novo.

O banheiro era espaçoso, chegava a brilhar de tão limpo; o chuveiro parecia aqueles que se viam nas publicidades que exaltavam o charme dos palácios. Ele mal se deu conta do que lhe acontecera, já que seu anjo da guarda havia desaparecido depois de lhe dar boa-noite. O lugar era silencioso e não havia mais ninguém na recepção. Era perceptível que ninguém ali temia o roubo nem os invasores. Extenuado, tornou a subir rumo ao quarto, enfiou-se debaixo dos perfumados lençóis de linho e adormeceu.

Na manhã seguinte, acordou tranquilizado, convencido de que tudo aquilo havia sido um mero sonho. No entanto, teve de se render à evidência: ainda estava naquele mundo desconhecido da véspera. O cômodo era o mesmo; o lugar, bonito e surpreendente. Lembrando-se das recomendações do recepcionista, arrumou rapidamente o quarto antes de se demorar no banheiro cinco estrelas, embora coletivo. Desceu com a roupa de cama conforme as instruções e passou pela recepção, na qual ninguém o esperava para cobrar a conta. Tratava-se de uma piada de mau gosto? Ele examinou o balcão, depois o saguão. Um cartaz cobria toda a parede, anunciando um Congresso Internacional de Isegoria em junho de 2058. O painel mais parecia uma obra de arte que uma peça de divulgação. A data de junho de 2058 lhe pareceu absurda, mas ele não procurou nenhuma explicação. Com passos hesitantes e tomando cuidado para que ninguém o notasse, pois continuava convencido de que estava dando o calote, ele se forçou a sair.

Ali, teria jurado que estava no endereço errado. Tudo parecia em seu lugar habitual, o saguão, os cais, as ruas, nada havia mudado, mas o conjunto era singularmente diferente. Os espaços eram amplos, agradáveis, curiosamente pouco frequentados. Era como se, em uma noite, a estação se tivesse tornado acolhedora e funcional. Em compensação, para quem quisesse comprar passagem no guichê, a história era bem outra! E por um bom motivo: não havia ninguém. Resignado, antecipadamente afligido pela multidão que certamente o aguardaria diante do guichê, ele se pôs a procurar uma fila de espera. Não tardou a detectar um guichê aberto e disponível – dois critérios estatisticamente improváveis em regra – no qual se apresentou sem dizer nada. Talvez aquele fosse seu dia de sorte. "Bom dia, companheiro, deseja alguma informação?", entoou para ele a voz simpática de um funcionário, que não era distorcida pelas habituais entonações de robô geralmente produzidas pelo vidro acrílico. Inicialmente incrédulo, depois perplexo, ele se deixou convencer pelos argumentos do ferroviário, que lhe explicou que não, não havia guichês porque não havia passagens, dado o fato de o trem ser gratuito fazia muito tempo, e que, sim, sua linha agora passava de quinze em quinze minutos, não mais de hora em hora. Em que país e em que época ele tinha ido parar? Desconcertado, renunciou a mais esclarecimentos. No fundo, preferia aproveitar secretamente aqueles momentos extraordinários. Os transeuntes o cumprimentavam com polidez, virando-se para observá-lo uma vez mais. Ele então começou a questionar seu próprio estilo.

Suburbano, filho de imigrantes, conhecia a sensação de ser espiado e acabou aprendendo a viver e a crescer com o olhar do outro. Aqui e agora, sem saber dizer exatamente por quê, não via nenhuma hostilidade no olhar alheio, nem mesmo reprimenda, apenas uma espécie de curiosidade benevolente à sua passagem. Ele relaxou e decidiu aproveitar um café com cadeiras na calçada, no qual pediria um bem merecido café da manhã antes de voltar para casa.

Tendo perambulado em direção ao cais do Sena, logo percebeu que havia se perdido. Seu coração se pôs a bater mais depressa. Dessa vez, tinha certeza, estava lá e em outro lugar ao mesmo tempo, a paisagem se havia transformado muito, como aquela rua tradicionalmente cheia de carros que se volatilizara. No lugar, uma submata encantadora, povoada de borboletas, pássaros, abelhas e até lagartos, margeava o rio. As ruas laterais ofereciam passeios aos pedestres. Habitualmente, em uma capital, sobretudo nas proximidades de uma estação, a caminhada era uma verdadeira arte marcial. Era preciso saber fazer trajetos sinuosos, sem esbarrar em ninguém, quando muito roçar, aprender a ultrapassar freneticamente seus semelhantes, na maior parte do tempo sem motivo particular. Era igualmente vital driblar os automóveis, atravessando a rua fora das faixas de pedestres quando se está sempre com pressa. Ali, a força invisível que em geral impele a correr nas ruas não produzia nenhum efeito sobre os transeuntes, como se o tempo e o espaço tivessem sido parametrizados segundo uma configuração observada em nenhum outro lugar. De um lado da grama, haviam se formado grupos que pareciam ter discussões calorosas, do outro, os esparsos cafés com mesas na calçada estavam calmos, reservados a alguns sonhadores absortos em suas leituras. Ele se aventurou um pouco mais além e avistou uma pequena multidão ao redor de um binômio improvisado, uma cantora de voz clara e um declamador de locução espasmódica, acompanhados de um violoncelista e um DJ. Não longe deles, uma pista de dança, um *bal musette*, uma demonstração de *hip-hop*, um concurso de eloquência, leituras de texto, competições poéticas, grafiteiros concentrados em sua arte. Mas que acontecimento eles festejavam? Acaso era feriado ou será que ninguém trabalhava naquela cidade-festival?

Chegado à margem do Sena, um cortejo de barcos em miniaturas, versão de alta tecnologia, evoluía no rio ante a indiferença notável dos transeuntes. Ele esfregou os olhos diversas vezes, não estava sonhando; alguns nadadores circundavam as embarcações sem que ninguém se surpreendesse. Olhando mais de perto, várias dezenas de pedalinhos elétricos de quatro assentos estofados, totalmente cobertos por habitáculos transparentes, cercados de discretos painéis solares, avançavam em alta velocidade e silenciosamente. Alguns passageiros não pareciam pedalar de fato, ou então muito pouco. Cada pedalinho seguia sua trajetória. Portanto, não se tratava de uma corrida. Um daqueles veículos do futuro se aproximou do embarcadouro em que ele se encontrava. Um homem, sozinho a bordo, com cara alongada e alegre, o interpelou de imediato: "Aonde quer que eu o leve, companheiro?".

Ele tentou disfarçar o espanto e respondeu da maneira mais normal àquele extravagante que, com toda certeza, estava se divertindo à sua custa: "Não, obrigado, eu só estou olhando!".

"Desculpe, amigo, como você está parado aí no embarcadouro, pensei que estivesse esperando que o levassem. Eu vou à Île de la Cité, o que você me diz?"

"O senhor navega assim no Sena? Está caçoando de mim. Está fazendo publicidade de um produto novo? Pelo menos, pode-se dizer que o senhor sabe chamar a atenção", disparou, compreendendo, ao mesmo tempo que falava, que estava completamente enganado.

"Mas de onde você é, companheiro?"

"Daqui mesmo, como o senhor", respondeu ele, esperando interromper aquela observação que lhe pareceu depreciativa.

O navegante fez ar de incredulidade:

"É que, com essa roupa, eu apostaria que você veio de outra galáxia, a última vez que vi uns trapos desses foi num livro de história."

Ele tentou mudar de assunto:

"E essa embarcação elétrica, é um protótipo ou é sua mesmo?"

"Minha? Você bebeu, amigo? Claro que não, como todas as outras, ela pertence à comuna. O que você queria que eu fizesse o dia inteiro? Eu não passo o dia me deslocando!", sorriu ele. "Aliás, ia deixá-la no depósito da Cité para que os técnicos dessem uma olhada nela, tenho a impressão de que um painel está falhando ligeiramente. Venha comigo, depois fique com ela, se quiser!"

Sua boca falou mais depressa que seu cérebro:

"Tudo bem."

Seria a curiosidade, a vontade premente de verificar a estranha impressão que o conquistava a cada etapa de sua viagem no tempo?

Ele subiu a bordo.

No maior conforto, e sem outro ruído além do marulhar das ondulações contra o casco, eles chegaram à Île de la Cité em apenas alguns minutos.

"A gente está chegando bem na hora da assembleia geral matinal", anunciou-lhe seu piloto.

No depósito dos pedalinhos elétricos, havia uma aglomeração de cerca de cem pessoas – trabalhadores, técnicos, engenheiros, administradores e operários. No fundo do prédio, os risos de crianças lhe chamaram a atenção. Monitores as supervisionavam no espaço preparado como creche.

"São pais voluntários e trabalhadores da administração que se ocupam delas, companheiro, pagos pelo tempo de trabalho!"

Uma mulher de olhos brilhantes e risonhos aproximou-se:

"Bom dia, companheiros, sejam bem-vindos."

"Obrigado! Então, há confusão no ar?", disse ele, olhando com expressão de conivência na direção da assembleia.

"Não, só estamos tendo nossa AG cotidiana para debater as questões de organização e de fabricação! Como se faz em toda parte, essa boa brincadeira!"

Surpreso com tanta assiduidade, a pergunta lhe queimou os lábios.

"Todo mundo participa?"

"Não, companheiro, a maioria está presente, mas muitos faltaram!"

"Ah, há refratários, como sempre!"

Pela primeira vez ele não se sentiu deslocado.

"Longe disso. Onze dos nossos jovens estão participando de um torneio amistoso de futebol regional, alguns velhos se reuniram para uma partida de bocha. Também há artistas, músicos, pintores, grafiteiros e poetas dispensados para que possam terminar suas criações."

Ela fez uma pausa antes de prosseguir:

"Sem esquecer os dois ou três casais que ainda estão rolando na cama... Outros cultivam as hortas coletivas da cidade, as quais, felizmente, continuam se desenvolvendo. É assim que vamos garantir a soberania alimentar ideal, como nos incentiva o plano ecossocialista elaborado no último Congresso Mundial de Isegoria."

Ele tentou descobrir um brilho de doce maluquice nos olhos da interlocutora, mas compreendeu que ela não estava brincando.

Pelo contrário, prosseguiu imperturbável:

"O que se pode fazer contra o absentismo? Afinal, a democracia participativa pressupõe o direito de se abster. Boa parte deles acaba voltando, ao passo que outros têm o prazer maligno de substituí-los. No final, dá certo, e com o tempo constatamos que um núcleo sólido nunca perde a AG, e que chegamos sistematicamente ao quórum majoritário."

Ele não queria bancar o reacionário de plantão ou provocar aquela fanática mais do que o necessário; porém, não conseguiu refrear uma pergunta depreciativa:

"Quer dizer então que a senhora trabalha para os que não fazem nada?"

"Você acabou de chegar do espaço, companheiro?"

Envergonhado, ele se explicou:

"Eu sou de um país distante, no qual as coisas não mudaram."

"Estou vendo", respondeu a responsável, perplexa. "Aqui tudo é contabilizado pelo tempo de trabalho. Desde que ele foi reduzido a 22 horas semanais, não há mais desemprego, aqueles que não se ativam agem conscientemente em nome do direito à preguiça, mas continuam sendo minoritários. Alguns trabalham três ou quatro horas por dia, de manhã ou de tarde; outros, dias inteiros para aproveitar plenamente o resto da semana, outros se organizam por ano. Tecnicamente, os empregos do tempo não são fáceis de estabelecer e, às vezes, podem surgir tensões, mas até agora nós logramos solucionar os problemas coletivamente. Nesse terreno, evitamos os votos na AG. Há um primeiro debate e, a seguir, se uma minoria insatisfeita se exprimir, criamos um grupo de trabalho para aplanar e encontrar um terreno de entendimento. Segue-se uma segunda AG para uma nova conciliação, que pode ser sucedida por um último grupo de trabalho, se necessário. O voto só intervém na terceira AG se houver necessidade."

Em seu foro íntimo, ele adivinhava o efeito que sua observação produziria, mas não pôde evitar a pergunta:

"E o patrão não diz nada?"

Depois de trocarem um olhar cúmplice, a responsável e o guia caíram na gargalhada:

"Companheiro, ou seu senso de humor é digno de um espetáculo de comédia ou, definitivamente, você veio mesmo do passado! Faz pelo menos vinte anos que resolvemos a questão dos patrões e nossos negócios não pioraram!"

Um pouco irritado, ele tratou de levar a discussão para outro assunto:

"E a senhora também vai me dizer que todos vocês ganham a mesma coisa?"

O desconforto acabava de mudar de campo. A responsável ficou séria, mas não se esquivou:

"A diferença de rendas está incluída em uma escala de um a três, era de um a cinco há quatro anos. No entanto, as tarefas, as posições e os postos de coordenação são designados em AG. Os mandatários eleitos são revogáveis a qualquer momento, sobretudo em caso de tendência autoritária, coisa que aconteceu mais de uma vez. Eles são elegíveis só por dois mandatos. A convergência das rendas leva tempo, e os hábitos são tenazes. Saiba, meu amigo, que estamos falando de valores que nada têm a ver com os do tempo do qual o senhor parece ter vindo. Como a gratuidade se generalizou na quase totalidade das necessidades essenciais, o dinheiro foi reduzido à sua expressão mais simples. O suficiente para satisfazer nossas compras nos mercados "produtores-consumidores" que os camponeses multiplicaram, ou para as roupas, as viagens... Está na hora de eu me despedir de vocês, estão fazendo sinal para mim, a AG vai começar..."

Então ele viu, no centro da assembleia que se havia formado, dois rapazes se encararem antes de começar uma batalha de *rap*. Seu guia puxou-o discretamente pelo braço, dando a entender que tinha chegado a hora de deixar os trabalhadores com sua deliberação.

Quando eles estavam saindo, clamores e aplausos vieram da assembleia e ressoaram em todo o prédio.

"Eu, companheiro, cheguei ao meu destino, preciso ir ao palácio da Associação da Arte e da Emancipação, que fica aqui perto, porque tenho um projeto a concluir! Quer vir comigo?"

Não ficava longe do lugar em que estavam. Além disso, tudo nele dizia que aquele dia, já memorável, ainda prometia muitas surpresas.

"Por que não? Eu nunca tinha ouvido falar nisso. Onde fica?", perguntou inocentemente.

"Ora, no antigo Palácio da Justiça, é claro. Se você vem mesmo do passado, deve ter feito uma grande viagem no tempo", respondeu seu guia, evitando rir muito alto dessa vez, para não aborrecer o visitante que lhe parecia tão esquisito e, afinal, tão cativante.

"Faz muito tempo que o antigo e o novo Palácio da Justiça foram restaurados e dedicados à arte. Devo dizer que falta muito espaço em relação ao número de membros que temos!"

Que nova revelação inacreditável ele deveria esperar?

"Por quê? Vocês são quantos?"

"Duzentos mil só na área metropolitana de Paris."

"É impossível!"

"Em consequência da redução do tempo de trabalho a meia jornada, meia semana ou meio ano, a arte e o esporte se desenvolveram consideravelmente. A educação artística contribuiu muito para esse sucesso espetacular. Por isso, temos de empurrar as paredes para acomodar todos os aspirantes a artista!"

"Ah, é? E qual é a prática artística mais popular?"

"A música! Aprendemos a tocar instrumentos, a interpretar, a compor e fazer nós mesmos a mixagem das nossas produções. Temos uma plêiade de coletivos e de artistas solo. Do *rap*, do rock, da ópera, do *slam*, da música clássica, dos coros. Tocamos nos clubes, nas fábricas, nas escolas, nos teatros e, naturalmente, na rua. É fantástico, ainda que às vezes surjam conflitos por causa da poluição sonora!"

"Isso me surpreende, um festival de música toda noite, o bairro devia ficar contente!"

"Foi por isso que criamos os conselhos de solução de conflitos que reúnem, se necessário, delegações de artistas e de moradores, às vezes eleitas, às vezes tiradas à sorte. Essas estruturas servem de mediação. Salvo raras exceções, funcionam."

"E além da música?"

"Há uma constelação de atividades artísticas, companheiro, você não tem ideia da imaginação e do senso de criação adormecidos dentro de nós e que despertam quando nosso espírito se liberta do excesso de trabalho. Teatro, dança, poesia, escultura, artes gráficas… As paredes do metrô agora estão à disposição dos artistas, e, todo fim de mês, os usuários são convidados a escolher entre os afrescos expostos para levá-los para casa se quiserem. Uma multidão de manifestações ocorre permanentemente, acessíveis a todos. No ano que vem, em maio, organizaremos um evento que promete ser instigante, do qual devem participar centenas de milhares de pessoas. Trata-se da comemoração da segunda demolição da coluna Vendôme. Os *communards*, em 1871, há muito tempo, desmontaram a coluna com o objetivo explícito de destruir esse símbolo da guerra imperial. Houve discussões. Foi complicado, porque, quando a gente resolve apagar a cultura do passado, sabe como e quando isso começa, mas não sabe até onde vai nem quando há de parar. E já que, como dizia Walter Benjamin, 'cada monumento de cultura é um monumento de barbárie', a tarefa de destruição também se anuncia monumental. Também uma maioria optou por uma 'demolição artística', transformando essa criação, inicialmente concebida para a glória dos poderosos, em obra irreverente para com eles. A coluna, uma vez desmantelada, ficaria, pois, no chão como prova de sua existência acabada e de sua abdicação política. Picasso dizia que 'todo ato de criação é primeiro um ato de destruição'. Existem tantos projetos, inciativas e mobilizações que eu levaria horas falando neles. Por exemplo, neste mesmo momento, há uma exposição fascinante em homenagem ao poeta francês Lautréamont. Está no museu Louise Michel, que instalamos deliberadamente na Sacré-Coeur, há vários anos, a fim de dar simbolicamente aos revolucionários de 1871 aquele prédio que os versalheses mandaram erigir para 'expiar o destino da Comuna com Deus'. Se você a visitar, lerá estas palavras de Lautréamont que me impressionam particularmente: 'A poesia deve ser feita por todos'. Creio que Isegoria estendeu esse princípio ao conjunto dos domínios artísticos."

"Isegoria?"

"Sim, é o nome do congresso anual. Nós o batizamos assim há vinte anos, retomando o princípio da democracia ateniense que garante a liberdade de expressão entre todos diante da assembleia, que decide. Nossa sociedade finalmente compreendeu que a igualdade autêntica no domínio da expressão coletiva supõe a supressão das desigualdades sociais, assim como a redução do tempo de trabalho para permitir que cada um se exprima. Aqui nós decidimos o máximo de coisas localmente e delegamos à escala superior as competências que dizem respeito à coordenação dos projetos econômicos, ecológicos ou culturais. Então nossos mandatários se reúnem em congresso de nível regional, nacional, continental e mundial. Tudo começou em 2037, em consequência de uma imensa fome que dizimou os quatro cantos do globo."

"Uma fome em 2037?"

"Amigo, eu vou acabar achando que você é mesmo um viajante do passado. Você fala e se veste como os mais velhos dos nossos velhos. A grande fome se seguiu à falência da multinacional agroalimentar Consortio, que havia conquistado o monopólio internacional depois de vários anos e conseguiu impor a todos os agricultores do mundo uma semente geneticamente modificada, não reprodutiva. A multinacional obtivera o acordo de diversos Estados que condenava com pesadas penas toda cultura individual ou coletiva que escapasse de seu ditame. Por força de dificuldades econômicas ligadas à suas cotações na bolsa e no maior segredo, a multinacional organizou uma especulação crescente sobre suas sementes, estocando milhões de toneladas de uma nova gama de grãos com a meta de impor ao mercado um preço ainda mais elevado. Pouco antes, a empresa tinha organizado a falta e, em seguida, a penúria. Ora, sem que se saiba como, com o tempo, aqueles grãos se revelaram definitivamente inutilizáveis. Esse foi o anúncio e o início de uma catástrofe alimentar em enorme escala. O prazo necessário para a recuperação da antiga produção, em proporções suficientes para que a agricultura mundial pudesse alimentar a população, segundo confessou a multinacional, era de um período de dois anos de fome. Seguiu-se uma crise agrícola mundial e, por sua vez, a pecuária faliu. Os substitutos nutricionais introduzidos pelos Estados se exauriram rapidamente, e a fome se propagou, inclusive nos países mais ricos. Até o dia em que aquilo que ainda era suportável na véspera passou a já não o ser para ninguém no dia seguinte. Cidades inteiras foram dizimadas pela fome, as imagens da agonia se sucediam em todas as telas, provocando em muitos lugares a sublevação da população. Um dia, os governos convidaram todos os povos a se recolherem durante um minuto de silêncio. Decorrido o minuto, um imenso movimento de desobediência espontânea pegou os poderes de surpresa. Sem instruções, sem premeditação, ninguém teve coragem de retomar a vida de antes. Assim, o minuto durou dois minutos, depois cinco, depois dez e foi uma hora que transcorreu sem ruído. Ninguém se mexeu durante longas horas. Então, ao cair da noite, formaram-se em todos os continentes manifestações gigantescas, acompanhadas de confrontos – as pessoas estavam com fome – e até de pilhagens."

"Houve uma revolução?"

"Pode-se dar esse nome ao que aconteceu, companheiro. Durou quatro anos ao todo. Aquele primeiro dia de revolta suscitou, pouco a pouco, outras reivindicações, e foi assim que uma redução consequente do tempo de trabalho começou na Europa e se alastrou como rastilho de pólvora por outras partes do mundo. Essa luta se inspirou no movimento feminista que tinha lançado, já faz muito tempo, sua palavra de ordem de paralisação anual do trabalho, que geralmente começava nos primeiros dias de novembro e se baseava em um cálculo segundo o qual, se fossem pagas no mesmo nível que os homens por trabalho igual e competências iguais, as mulheres trabalhavam gratuitamente a partir daquela data até o fim do ano. Esse exemplo se generalizou diante da noção de mais-valia pelo conjunto dos assalariados. Um coletivo de sindicalistas e economistas propôs "paralisar o trabalho na hora em que a folha de pagamento parasse". Segundo suas estimativas, o diferencial entre a soma do valor acrescentado aos bens e serviços graças ao trabalho dos assalariados e o montante do salário que estes recebiam significava que o mundo do trabalho dava, em média, meia jornada gratuita aos empregadores. Esse movimento, que exigia trabalhar duas vezes menos, assumiu dimensão internacional, e o conflito entrou em escalada…"

"Como isso aconteceu?"

"De partida, muito mal. Houve conflitos e até guerras em praticamente todos os países. As classes dirigentes se uniram no começo, e a repressão foi feroz. Nós não estávamos preparados, então um grande movimento popular se unificou. Conseguimos resistir ao preço de sacrifícios que eu não desejo a ninguém. Permanecemos unidos, ao passo que, no topo dos Estados, contra todas as expectativas, houve um racha entre os dirigentes que queriam negociar e os extremistas que queriam erradicar a mobilização. Estou convencido de que mais de uma vez evitamos a catástrofe nuclear."

"Como foi que isso se resolveu?"

"Na realidade, o levante era de tal amplitude que a evidência se impôs por si só: nós tínhamos vencido. Mas restou uma minoria de vários milhões de pessoas, em escala planetária, pertencente à antiga oligarquia ou a serviço dela, que se recusava a depor as armas. Acabamos entrando em um acordo."

"Um protocolo de acordo como em uma greve?"

"Não, amigo, não se pode dizer isso porque, diferentemente de um fim de greve, nós não aceitávamos que uma casta continuasse dominando os povos. Também para aqueles e aquelas que não se submeteram às novas regras de compartilhamento das riquezas e de poder entre todos, nós deixamos um território, no qual não nos metemos em nada, mas recusamos qualquer ingerência nos nossos negócios. Ele ainda existe, é uma pequena parcela, um vestígio do passado."

"Uma reserva para os ricos?"

"Dê-lhe o nome que quiser, companheiro. Eles vivem conforme suas leis, e nós já não lhes prestamos atenção, por assim dizer. Nos primeiros anos, atraíram alguns ambiciosos com pecúlio pessoal que conseguiram conservar, geralmente escondendo-o. Então, como o essencial de suas riquezas provinha da propriedade dos setores chave da economia que nós tínhamos retomado e, dessa vez, colocado nas mãos da coletividade, o butim deles acabou derretendo como neve ao sol. Hoje em dia, estão divididos por dissensões e conflitos quase sempre violentos. Seu território lembra aqueles castelos em ruína que certas velhas descendências de aristocratas empobrecidos persistiam em ocupar antigamente. Mas já falei demais, estamos chegando ao palácio, deixarei você descobrir por si mesmo."

Os dois passaram pelos altos portões do palácio e, subindo os degraus lentamente, ele se lembrou das numerosas manifestações de que participara para exigir a libertação de militantes presos. No interior do prédio, nenhum uniforme azul, nenhuma toga preta à vista. O Palácio da Justiça se havia transformado em uma colmeia humana, suas paredes ornadas de quadros. Estava repleto de ateliês artísticos impressionantes. Uma demonstração de dança urbana lhe chamou a atenção. Ele se sentou em um banco, ainda tão desconfortável como em sua memória, e fechou os olhos. Nunca tinha ouvido nada tão cativante. Seu espírito se acalmou e se embriagou de tal modo que pegou no sono sem a menor resistência.

"Senhor, acorde, estamos na última estação!"

A voz que o tirou dos sonhos era brusca. As portas do metrô se abriram ruidosamente, agredindo-lhe os tímpanos. Por sorte, conseguiu pular para fora do trem, seu homem-despertador já havia desaparecido. Ele tirou o celular do bolso. O sinal fora restabelecido. Mas essa notícia reconfortante durou pouco, pois era muito tarde da noite. Desorientado, compreendeu que arriscava perder o último trem. À sua frente havia um imenso cartaz publicitário louvando os méritos de um crédito a taxa zero em certas condições. O que tinha acontecido? O sonho parecia tão real. Com o corpo entorpecido, ele se movia com passos desajeitados pelos corredores da estação em direção ao saguão principal. As cotoveladas no metrô lotado literalmente o arpoaram, seu espírito procurava voltar à Terra. Ele gostaria tanto de saber mais acerca daquele mundo estranho do qual já sentia saudade. Ao entrar no saguão, viu dois jovens ocupados em colar um cartaz que anunciava uma manifestação iminente. Um deles, um ferroviário com o qual ele se lembrava de haver cruzado em uma assembleia anterior, aproximou-se e lhe entregou um panfleto.

"Amanhã a gente se vê na *manif...* companheiro?"

Referências bibliográficas

ABENSOUR, M. *Utopiques IV*: l'histoire de l'utopie et le destin de sa critique. Paris: Sens & Tonka, 2016.
ARTOUS, A. *Travail et émancipation sociale*: Marx et le travail. Paris: Syllepse, 2003.
BENJAMIN, W. Sur le concept d'histoire. In: LÖWY, M. *Walter Benjamin, avertissement d'incendie*. Paris: PUF, 2001. [Ed. bras.: *Walter Benjamin*: aviso de um incêndio. São Paulo: Boitempo, 2005.]
BENSAÏD, D. *Éloge de la politique profane*. Paris: Albin Michel, 2008.
BENSAÏD, D. *Le Pari mélancolique*. Paris: Fayard, 1997.
BLOCH, E. *Le Principe espérance II*: épures d'un monde meilleur. Paris: Gallimard, 1982. [Ed. bras.: *O princípio esperança*. Rio de Janeiro: Contraponto: 2005.]
FROMM, E. *Avoir ou être*: un choix dont dépend l'avenir de l'homme. Paris: Robert Laffont, 1978. [Ed. bras.: *Ter ou ser*. LTC. Rio de Janeiro: 2008.]
GOLDMANN, L. Y a-t-il une sociologie marxiste?. In: *Recherches dialectiques*. Paris: Gallimard, 1959.
GRAMSCI, A. *Écrits politiques I*: 1914-1923. Paris: Gallimard, 1974.
GRAMSCI, A. *Scritti politici*. Roma: Riuniti, 1967-1973.
GUEVARA, E. C. *Textes politiques*. v.III. Paris: Maspero, 1970. [Ed. bras.: *Textos políticos*. São Paulo: Global, 2009.]

HARVEY, D. *Marx's Capital*. Londres: Verso, 2010.

HUSSON, M. Le Monde merveilleux du revenu universel, *À l'Encontre*, 22 dez. 2016.

HUSSON, M. Pourquoi et comment réduire le temps de travail. *Contretemps*, 2 jul. 2016.

HUSSON, M.; TREILLET, S. La réduction du temps de travail, un combat central et d'actualité. *Contretemps*, n.20, 2014.

LAFARGUE, P. *Le droit à la paresse*. Paris: Mille et Une Nuits, 1997. [Ed. bras.: *O direito à preguiça*. São Paulo: Edipro, 2016.]

LUXEMBURG, R. *Grève de masse, parti et syndicats* [1906]. In: *Œuvres I*. Paris: Maspero, 1969.

MANDEL, E. *Power and Money*. Londres: Verso, 1991.

MARX, K.; ENGELS, F. *Le capital*, Livre I. Prefácio de Louis Althusser. Trad. J. Roy. Paris: Garnier-Flammarion, 1969. [Ed. bras.: *O Capital* – livro I. São Paulo: Boitempo, 2011.]

MARX, K.; ENGELS, F. *Manifeste du Parti communiste*. Paris: 10/18, 1962. [Ed. bras.: *Manifesto do partido comunista*. São Paulo: Penguim, 2012.]

MARX, K. *Manuscrits de 1844*: économie politique et philosophie. Trad. Émile Bottigelli. Paris: Éditions Sociales, 1962. [Ed. bras.: *Manuscritos econômico-filosóficos*. Trad. Jesus Ranieri. São Paulo: Boitempo, 2004.]

MARX, K. *Morceaux choisis*. Trad. Henri Lefebvre e Norbert Gutermann. Paris: Gallimard, 1934.

MARX, K.; ENGELS, F. Feuerbach. In: *L'Idéologie allemande*. Paris: Éditions Sociales, 1970. [Ed. bras.: *A ideologia alemã*. Trad. Luciano Cavini Martorano. São Paulo: Boitempo, 2007.]

MARX, K.; ENGELS, F. *Werke*, v.25. Berlim: Dietz Verlag, 1968.

MASCOLO, D. *Le Communisme*: révolution et communication, ou la dialetique des valeurs et des besoins. Paris: Gallimard, 1953.

MORRIS, W. Travail utile e vaine besogne (1885). In: *La Civilisation et le Travail*. Apresentação de Anselm Jappe. Paris: Le Passager Clandestin, 2013.

TRÓTSKI, L. *Programme de transition, ou l'agonie du capitalisme et les tâches de la IVe Internationale*. Paris: Éditions de la Troupe Rouge, 1973.

VANEIGEM, R. *A arte de viver para as novas gerações*. São Paulo: Veneta, 2016.

WEBER, M. *L'Éthique protestante et l'esprit du capitalisme*. Trad. Jean-Pierre Grossein. Paris: Gallimard, 2003. [Ed. bras.: *A ética protestante e o "espírito do capitalismo"*. São Paulo: Companhia das Letras, 2004.]

SOBRE O LIVRO

Formato: 12 x 21 cm
Mancha: 20,4 x 42,5 paicas
Tipologia: Horley Old Style 10,5/14
Papel: Off-white 80 g/m² (miolo)
Cartão Supremo 250 g/m² (capa)
1ª edição Editora Unesp: 2021

EQUIPE DE REALIZAÇÃO

Capa
Marcelo Girard

Edição de texto
Richard Sanches (Copidesque)
Maísa Kawata (Revisão)

Editoração eletrônica
Eduardo Seiji Seki

Assistência editorial
Alberto Bononi
Gabriel Joppert